DE

# VERBORUM SIGNIFICATIONE.

## RECUEIL ALPHABÉTIQUE

DES DÉFINITIONS DU TITRE XVI, LIVRE L, DU DIGESTE,
ET DE CELLES QUI SONT DISPERSÉES DANS LE CORPS
DE DROIT ET DANS LES INSTITUTES DE GAIUS,

avec

L'INDICATION DES LIVRES, TITRES, LOIS ET PARAGRAPHES
ET LE NOM DES JURISCONSULTES,

PAR **C. QUERNEST**,

DOCTEUR EN DROIT.

« ..... L'autre chose qui sera pour vous d'une
» plus grande utilité, c'est de lire les deux der-
» niers titres du Digeste, qui sont comme
» supplément des Institutes, et dont l'un traite
» des règles du droit, et l'autre de la signifi-
» cation des mots. »
(D'AGUESSEAU, première instruction à son
fils, t. I, p. 278.)



RENNES,

VERDIER, LIBRAIRE, RUE MOTTE-FABLET.

1851.

DE

# VERBORUM SIGNIFICATIONE.

Rennes, imprimerie de A. Marteville et Lefas.

# DE

# VERBORUM SIGNIFICATIONE.

## RECUEIL ALPHABÉTIQUE

DES DÉFINITIONS DU TITRE XVI, LIVRE L, DU DIGESTE, ET DE CELLES QUI SONT DISPERSÉES DANS LE CORPS DE DROIT ET DANS LES INSTITUTES DE GAIUS,

avec

L'INDICATION DES LIVRES, TITRES, LOIS ET PARAGRAPHES ET LE NOM DES JURISCONSULTES,

PAR C. QUERNEST,

DOCTEUR EN DROIT.

«..... L'autre chose qui sera pour vous d'une
» plus grande utilité, c'est de lire les deux der-
» niers titres du Digeste, qui sont comme le
» supplément des Institutes, et dont l'un traite
» des règles du droit, et l'autre de la signifi-
» cation des mots. »

(D'AGUESSEAU, première instruction à son fils, t. I, p. 278.)

RENNES,

VERDIER, LIBRAIRE, RUE MOTTE-FABLET.

1851

## OUVRAGES PLUS ÉTENDUS SUR LA MÊME MATIÈRE.

*(Les ouvrages marqués d'un * se trouvent à la bibliothèque publique de Rennes.)*

AELLI, C. GALLI *de Verborum quæ ad jus pertinent significat. fragmenta*, ed. Heimbach. *Lipsiæ*, 1823, in-8°.

BRISSON, *de Verborum quæ ad jus pertinent significatione. Francofurti* 1687, 1821, in-fol.

CRAMER, supplementum ad Brissonii opus *de Verborum quæ ad jus pertinent significatione. Kell.* 1815, in-4°.

HEINECCIUS (Jo. chr. Gottlieb). *Dictionarium juridicum. Halæ-Magdeburgicæ.* 1743 (ou 1744) in-fol.

HEINECCIUS, * sur Brisson, *de Verborum significatione.* 1 vol. in-fol., 1753.

HOTOMANUS, * Commentarius *de verbis juris, Lugduni* 1760.

J. KAHL, alias CALVINI, *Lexicon juridicum. Genevæ* 1599, 1615, in-8°.

*Lexicon juridicum*, ex Brissonio, Hottomanno et Cujacio, *Genevæ* 1599, 1615, in-8°.

POTHIER, * *de Verborum significatione.* (Pandectes, tome III, livre 50, titre 16.)

VICAT, * *Vocabularium juris utriusque. Lausannæ* 1759, 3 vol. in-8°. — *Neapoli* 1760, 4 vol. in-8°. — *Venetiis* 1805, 2 vol. in-4°.

WURFFEL (L.-A.) Jurisprudentia civilis definitiva exhibens *finitiones* in juris civilis complexu obvias. *Francof.*, 1768, °.

outre les commentaires sur le titre *de Verborum significatione*, indiqués dans la bibliothèque de Lipenius. — *V.* aussi la bibliothèque de droit de Dupin, n°s 28, 496 et suiv.)

# ABRÉVIATIONS.

(I. 4, 15, § 7.) . . . . . *Institutes*, livre 4, titre 15, paragr. 7.

(D. 39, 2, 4, § 5. Fr. Ulp.) *Digeste*, livre 39, titre 2, loi 4, paragr. 5, fragment extrait d'Ulpien.

(C. 10, 39, 7.) . . . . . *Code*, livre 10, titre 39, loi 7.)

(N. 30, cap. 2.) . . . . . *Novelle* 30, chapitre 2.

(Gaii C. IV, § 43.). . . . Gaius, Commentaire IV, paragr. 43.

(Gaii Inst. 2, 4.). . . . . Gaius, Institutes, livre 2, titre 4.

(Ulp. Reg. 6, § 3.) . . . Règles d'Ulpien, titre 6, paragr. 3.

(Paul. Sent. 5, 34, § 1.) Sentences de Paul, livre 5, titre 34, paragr. 1.)

(XII Tab. frag. 22, 2.). Loi des XII Tables, titre 22, paragr. 2.

Le titre *de Verborum significatione* a toujours été considéré comme un des plus utiles du Digeste : mais, outre que sa rédaction ne présente aucun ordre suivi, il est loin de contenir toutes les définitions des anciens jurisconsultes, échappées à la proscription générale de Justinien. et qui se trouvent dispersées dans les différents titres de ce recueil. La nécessité de réunir et de coordonner toutes ces définitions a entraîné la plupart des auteurs qui se sont occupés de la matière à produire de volumineux commentaires, au milieu desquels il est très-difficile de distinguer les textes originaux, plutôt que de donner un recueil particulier de ces textes. Pothier, dans ses *Pandectes*, est à peu près le seul qui ait classé textuellement les anciennes définitions, et qui ait, de plus, par des définitions modernes, et quelquefois en traduisant les termes du droit ancien par leurs équivalents en droit français, suppléé aux nombreuses lacunes, souvent très-importantes, qui résultent de la destruction des œuvres des anciens jurisconsultes. Néanmoins, son œuvre, en ce qui concerne les définitions propres, présentait encore quelques omissions, indépendamment de celles que la découverte postérieure des Institutes de Gaius a permis de restituer. C'est principalement ce motif qui m'a engagé à publier le présent recueil, où, sauf quelques cas très-rares que l'indication des autorités permet de ne pas confondre, je me suis astreint à la reproduction du texte même, pour l'exactitude duquel j'ai puisé dans l'édition Elzevirienne de 1663. Je n'ai point eu dans ce travail la prétention de faire mieux que le jurisconsulte d'Orléans : mon seul but a été (et il pourra encore se rencontrer quelques omissions) de réunir dans un recueil spécial et plus portatif les définitions données par les jurisconsultes romains. Il eût, sans doute, été à désirer qu'on pût y rencontrer toutes les définitions du droit romain, dont beaucoup méritaient, à bien plus juste titre, d'être conservées que d'autres qui n'y touchent que très-indirectement; mais il eût fallu pour cela sortir de mon sujet et ne pas me borner uniquement, comme je le voulais faire, à compléter et à mettre en ordre le titre XVI du 50e livre du *Digeste*. J'indique d'ailleurs, ci-dessus, la liste des principaux auteurs où le lecteur pourra puiser une connaissance plus complète et plus approfondie des termes de la législation romaine.

# DE

# VERBORUM SIGNIFICATIONE.

## A

ABAVUS, ABAVIA. V. *Avus*.

ABESSE, ABSENS.

Res *abesse* videntur (ut Sabinus ait et Pedius probat) etiam hæ, quarum corpus manet forma mutata est : et ideo si corruptæ redditæ sint, vel transfiguratæ, videri abesse : Quoniam plerumque plus est in manus pretio, quam in re.

Desinere autem abesse res tunc videtur, cum sic redit in potestatem, ne amittere (ejus) possessionem possimus.

Ob hoc quod furto pridem subtracta est. Abest et ea res quæ in rebus humanis non est. (D. 50, 16, 13, §§ 1, 2 et 3.)

Qui extra continentia urbis est *abest* : Cæterum

usque ad continentia non abesse videbitur. (D. 50, 16, 173, § 1.)

*Absentem* accipere debemus eum, qui non est eo loci, in quo loco petitur : non enim trans mare absentem desideramus, et si fortè extrà continentia Urbis sit, abest : Cæterum usque ad continentia non abesse videbitur, si non latitet.

*Abesse* videtur, et qui in jure non est : Quod et Pomponius probat. (D. 39, 2, 4, § 5. Fr. Ulp.)

*Abesse* non videtur qui ab hostibus captus est; sed qui a latronibus detinetur. (D. 50, 16, 199.)

## ABESSE REIPUBLICÆ CAUSA.

*Reipublicæ causa abesse* eos solos intelligimus qui non sui commodi causa, sed coacti absunt. (D. 4, 6, 36. Fr. Ulp.) *V. Absens.*

## ABIGEI.

*Abigei* proprie hi habentur, qui pecora e pascuis, vel ex armentis subtrahunt et quodammodo deprædantur et abigendi studium quasi artem exercent, equos de gregibus, vel boves de armentis abducentes. (D. 47, 14, 1, § 1. Fr. Ulp.)

## ABOLITIO.

*Abolitio* est deletio, oblivio vel extinctio accusationis. (Paul. S. 5, 17, 1.)

ABROGARE, *V. Derogare.*

## ACCEPTILATIO.

*Acceptilatio* est liberatio per mutuam interrogationem, qua utriusque contingit ab eodem nexu absolutio. (D. 46, 4, 1.) *V. Apocha.*

## ACCIDERE.

Si quis ita in testamento scripserit : « si quid filio meo acciderit, *Damas servus meus liber esto : mortuo filio, Damas liber erit* : » licet enim accidant et vivis, sed vulgi sermone etiam mors significatur. (D. 50, 16, 162, § 1.)

ACCIPERE, *V. Capere.*

## ACCUSARE.

*Accusasse* eum dicimus qui crimina objecit, et causam perorari usque ad sententiam effecit. (D. 38, 2, 14, § 8.)

Qui nomen detulit, *accusasse* intelligendus est : nisi abolitionem petit. (D. 37, 14, 10.)

## ACTA, GESTA.

Licet inter gesta et facta videtur quædam esse subtilis differentia, attamen; καταχρηστικῶς, id est abusive, nihil inter factum et gestum interest. (D. 50, 16, 58.) *V. Agere.*

## ACTIO.

Nihil aliud est *actio* quam jus quod sibi debeatur, judicio persequendi. (D. 44, 7, 51. Fr. Cels.)

## ACTIO.

*Actionis* verbum et speciale est et generale : nam omnis actio dicitur, sive in personam, sive in rem sit *petitio* : Sed plerumque actiones personales solemus dicere : *petitionis* autem verbo in rem actiones significari videntur, *persecutionis* verbo extraordinarias persecutiones puto contineri, utputa fideicommissorum, et si quæ aliæ sunt, quæ non habent juris ordinarii executionem. (D. 50, 16, 178, § 2. Fr. Ulp.)

## ACTIO.

*Actionis* verbo etiam persecutio continetur. (D. 50, 16, 34. Fr. Paul.)

## ACTIO.

*Actionis* verbo non continetur exceptio. (D. 50, 16, 8, § 1. Fr. Paul.)

## ACTIONES ARBITRARIÆ.

Quasdam actiones *arbitrarias*, id est, ex arbitrio judicis pendentes, appellamus : in quibus, nisi arbitrio judicis is cum quo agitur actori satisfaciat, veluti rem restituat, vel exhibeat, vel solvat, vel ex noxali causa servum dedat, condemnari debeat. (I. 4, 6, § 31.)

## ACTIONES BONÆ FIDEI, ACTIONES STRICTI JURIS.

Actionum autem quædam *bonæ fidei* sunt, quædam *stricti juris*.

Bonæ fidei sunt hæ: ex empto, vendito, locato, conducto, negotiorum gestorum, mandati, depositi, pro socio, tutelæ, commodati, pigneratitia, familiæ erciscundæ, communi dividundo, præscriptis verbis, quæ de æstimato proponitur, et ea quæ ex permutatione competit, et hereditatis petitio.

In bonæ fidei autem judiciis libera potestas permitto videtur judici ex bono et æquo æstimandi quantum actori restitui debeat....

Sed et in strictis judiciis ex rescripto divi Marci opposita doli mali exceptione, compensatio inducebatur. (Ins. 4, 6, §§ 28 et 30.)

## ACTIO EDITA, V. *Lis contestata*.

## ACTIO EXERCITORIA.

*Exercitoria* locum habet cum pater dominusve filium servumve magistrum navi præposuerit, et quid cum eo ejus rei gratia cui præpositus fuit, negotium gestum erit..... Ideo autem *exercitoria* actio appellatur, quia *exercitor* vocatur is ad quem cotidianus navis quæstus pervenit. (G. 4, 71.)

## ACTIO INCERTI.

*Incerti actio*, id est, præscriptis verbis. (D. 2, 14, 7, § 2. Fr. Ulp.)

## ACTIO IN REM, IN PERSONAM.

Actionum genera sunt duo : *in rem* quæ dicitur *vindicatio* : et *in personam* quæ *condictio* appellatur.

*In rem* actio est per quam rem nostram, quæ ab alio possidetur, petimus : et semper adversus eum est qui rem possidet.

*In personam* actio est, qua cum eo agimus qui obligatus est nobis ad faciendum aliquid vel dandum : et semper adversus eundem locum habet. (D. 44, 7, 25. Fr. Ulp.)

## ACTIO IN PERSONAM, IN REM.

*In personam* actio est. Qua agimus quotiens cum aliquo qui nobis vel ex contractu, vel ex delicto obligatus est ; id est, cum intendimus dare facere præstare oportere.

*In rem* actio est, cum aut corporalem rem intendimus nostram esse, aut jus aliquod nobis competere; velut utendi, aut utendi-fruendi, eundi, agendi, etc. (Gaii Comm. IV, §§ 2 et 3.)

Actio in personam infertur : *petitio*, in rem : *persecutio*, in rem, vel in personam, rei persequendæ gratia. (D. 44, 7, 28. Fr. Papiniani).

## ACTIO IN PERSONAM, IN REM.

Actiones *in personam* ab actionibus *in rem* hoc differunt quod cum eadem res ab eodem mihi debeatur, singulas obligationes singulæ causæ sequuntur, nec ulla earum alterius petitione vitiatur. At cum *in rem* ago non expressa causa ex qua rem meam esse dico, omnes causæ, una petitione adprehenduntur neque enim amplius quam semel res mea esse potest; sæpius autem deberi potest. (D. 44, 2, 14, § 2.)

## ACTIO EX CONTRACTU, EX FACTO, IN FACTUM.

Actionum autem quædam ex contractu, quædam ex facto, quædam in factum sunt.

*Ex contractu* actio est, quotiens quis sui lucri causa cum aliquo contrahit : veluti emendo, vendendo, locando, conducendo et cæteris similibus.

*Ex facto* actio est, quotiens ex eo teneri quis incipit quod ipse admisit : veluti furtum vel injuriam commisit, vel damnum dedit.

*In factum* actio dicitur, qualis est (exempli gratia) actio quæ datur patrono adversus libertum, a quo contra edictum Prætoris in jus vocatus est. (D. 44, 7, 25, § 1. Fr. Ulp.)

## ACTIO EX EMPTO.

*Ex empto* actione is, qui emit, utitur. (D. 19, 1, 11 Fr. Ulp.)

## ACTIO EX VENDITO.

*Ex vendito actio* venditori competit ad ea consequenda, quæ ei ab emptore præstari oportet. (D. 19, 1, 13, § 19. Fr. Ulp.)

## ACTIO MIXTA.

*Mixtæ* sunt actiones in quibus uterque actor est : utpula finium regundorum, familiæ erciscundæ, communi dividundo, interdictum uti possidetis, utrubi. ( D. 44, 7, 37, § 1. Fr. Ulp. )

## ACTIO NOXALIS.

*Noxales* actiones appellantur, quæ non ex contractu, sed ex *noxa* atque maleficio servorum adversus nos instituuntur : quarum actionum vis et potestas hæc est, ut si damnati fuerimus, liceat nobis deditione ipsius corporis, quod deliquerit, evitare litis æstimationem. (D. 9, 4, 1. Fr. Gaii.)

## ACTIO POPULARIS.

Eam *popularem* actionem dicimus, quæ suum jus populi tuetur. (D. 47, 231, 1. Fr. Paul.)

## ACTIO PRÆSCRIPTIS VERBIS.

Cum deficiant vulgaria atque usitata actionum nomina, *præscriptis verbis* agendum est. (D. 19, 5, 2, fr. Cels.)

### ACTIO UTILIS.

Quotiens deficit actio vel exceptio, *utilis* actio vel exceptio est. (D. 19, 5, 21. Fr. Ulp.)

### ACTIONES LEGIS.

Ex legibus (XII Tabularum) actiones compositæ sunt, quibus inter se homines disceptarent : quas actiones ne populus, prout vellet institueret, certas solemnesque esse voluerunt : et appellatur hæc pars juris, *legis actiones*, id est *legitimæ actiones*. (D. 1, 2, 2, § 6. Fr. Pompon.)

### ACTIONES LEGIS.

Actiones quas in usu veteres habuerunt, *legis actiones* appellabantur, vel ideo quod *legibus* proditæ erant, quia tunc edicta Prætoris quibus complures actiones introductæ sunt, nondum in usu habebantur; vel ideo quia ipsarum *legum* verbis adcommodatæ erant, et ideo immutabiles proinde atque leges observabantur. (Gaii Comm. IV, § 11.)

### ACTOR, REUS.

*Actor* is est qui desiderat aut exhiberi aut restitui. *Reus* autem is est a quo desideratur, ut restituat aut exhibeat. (I. 4. 15, § 7.)

### ACTUM. *V. Agere.*

## ACTUS.

*Actus* est jus agendi vel jumentum, vel vehiculum (D. 8, 3, 1. Fr. Ulp.) *V. Iter, Via.*

## ADFINES.

*Adfines* sunt viri et uxoris cognati : dicti ab eo quod duæ cognationes, quæ diversæ inter se sunt, per nuptias copulantur, et altera *ad* alterius cognationis *finem* accedit : namque conjungendæ adfinitatis causa fit ex nuptiis. (D. 38, 10, 4, § 3. Fr. Modest.)

## ADGNATI.

*Adgnati* autem sunt, cognati virilis sexus ab eodem orti. (D. 38, 16, 2, § 1. Fr. Ulp.)

Sunt autem *adgnati* qui per virilis sexus personas cognatione juncti sunt, quasi a patre cognati : veluti frater eodem patre natus, fratris filius, neposve ex eo; item patruus et patrui filius, neposve ex eo. (D. 26, 4, 7. Fr. Gaii.)

Inter adgnatos et cognatos hoc interest, quod inter genus et speciem : nam qui est adgnatus, et cognatus est. Non utique autem qui cognatus est et adgnatus est : alterum enim civile, alterum naturale nomen est. (D. 38, 10, 10, § 4. Fr. Paul.)

## ADJUDICATIO.

*Adjudicatio* est ea pars formulæ qua permittitur

judici rem alicui ex litigatoribus adjudicare: veluti si inter coheredes *familiæ erciscundæ* agatur, aut inter socios *communi dividundo*, aut inter vicinos *finium regundorum*. (Gaii Comm. IV, § 42.)

ADOPTIO.

Filios-familias non solum natura, verum et adoptiones faciunt. Quod adoptionis nomen est quidem generale : in duas autem species dividitur : quarum altera *adoptio* similiter dicitur : altera, *adrogatio*. Adoptantur filii-familias : adrogantur qui sui juris sunt. (D. 1, 7, 1. Fr. Modest.)

ADROGATIO.

Populi auctoritate adoptamus eos qui *sui juris* sunt : quæ species adoptionis dicitur *adrogatio*, quia et is qui adoptat rogatur, id est interrogatur, an velit eum quem adoptaturus sit, justum sibi filium esse; et is qui adoptatur, rogatur an id fieri patiatur; et populus rogatur an id fieri jubeat. (Gaii Comm. 1, § 99. — D. 1, 7, 2.)

ADSECTARI, V. *Appellare*.

ADSIGNARE LIBERTUM.

*Adsignare libertum* hoc est testificari cujus ex liberis libertum eum esse voluit. (D. 50, 16, 107. Fr. Modest.)

ADSTIPULATOR.

Possumus ad id quod stipulamus alium adhibere, qui idem stipulatur : quem vulgo *adstipulatorem* vocamus. (Gaii C. 3, § 110.)

ADTENTARI PUDICITIA.

*Adtentari pudicitia* dicitur cum id agitur ut ex pudico impudicus fiat. (D. 47, 10, 10. Fr. Paul.)

ADULTERIUM, *V. Stuprum.*

ADVENA.

*Advena* est quem græci ἀποικον, id est *domo profugum, colonum advenientem* appellant. (D. 50, 16, 239, § 4. Fr. Pompon.)

ADVOCATI.

*Advocatos* accipere debemus omnes omnino, qui causis agendis quoquo studio operantur : non tamen qui pro tractatu non adfuturi causis accipere quid solent, advocatorum numero erunt. (D. 50, 13, 1, § 11. Fr. Ulp.)

ÆDES.

Appellatione *ædium* omnes species ædificii continentur. (D. 47, 9, 7. Fr. Gaii.)

Ea esse *ædium* solemus dicere, quæ quasi pars ædium, vel propter ædes habentur, utputa puteal : id est quo puteus operitur. (D. 19, 1, 13. Fr. Ulp.)

*Plumbum* quod tegulis poneretur, *ædificii* esse; ait Labeo : sed id quod hypæthri tegendi causa poneretur, contra esse.

Straturam loci alicujus ex tabulis factis, quæ æstate tollerentur, et hyeme ponerentur, *ædium* esse, ait Labeo : quoniam perpetui usus paratæ essent : neque ad rem pertinere : quod interim tollerentur. (D. 50, 16, 242, § 2 et 4. Fr. Javol.)

Statuæ affixæ basibus structilibus, aut tabulæ relegatæ catenis, aut erga parietem adfixæ, aut si similiter cohærent lychni, non sunt *ædium* : ornatus enim ædium causa parantur, non quo ædes perficiantur. Idem Labeo ait : prothyrum, quod in ædibus (interim qui) fieri solet, ædium est. (D. 50, 16, 245. Fr. Pomp.)

## ÆDES SUPERFICIARIÆ.

*Superficiarias ædes* appellamus, quæ in conducto solo positæ sint, quarum proprietas, et civili et naturali jure ejus est, cujus et solum. (D. 43, 18, 2. Fr. Gaii.)

## ÆDES UTI OPTIMÆ MAXIMÆQUE SUNT.

*Qui uti optimæ maximæque sunt*, ædes tradit : non hoc dicit servitutem illis deberi : sed illud solum, ipsas ædes liberas esse, hoc est, nulli servire. (D. 50, 16, 90. Fr. Ulp.)

### ÆDIFICARE.

*Ædificare* autem non solum, qui novum opus molitur, intelligendus est, verum is quoque, qui vult reficere. (D. 11, 8, 1, § 9. Fr. Ulp.)

### ÆDILES.

Ut essent qui *ædibus* præessent, in quibus omnia scita (sua) plebs deferebat : duos ex plebe constituerunt : qui etiam *ædiles* appellati sunt. (D. 1, 2, § 21.)

### ÆDITUI, *V. Tutela, Tutores.*

### ÆS.

Etiam aureos nummos *æs* dicimus (D. 50, 16, 159. Fr. Ulp.)

### ÆS ALIENUM, ÆS SUUM.

*Æs alienum* est quod nos aliis debemus : *æs suum* est, quod alii nobis debent. (D. 50, 16, 213, § 1. Fr. Ulp.)

### ÆS EQUESTRE, *V. Æs militare.*

### ÆS HORDIARIUM, *V. Æs militare.*

### ÆS MILITARE.

Propter stipendium licebat militi ab eo qui æs tribuebat, nisi daret, pignus capere. Dicebatur autem ea pecunia quæ stipendii nomine dabatur, *æs militare*. Item propter eam pecuniam licebat pignus capere ex qua equus emendus erat; quæ pecunia dicebatur *æs equestre*. Item propter eam pecuniam ex qua hordeum equis erat comparandum, quæ pecunia dicebatur *æs hordiarium*. (Gaii Comm. IV, § 27.)

ÆSTAS.

*Æstatem* incipere sic peritiores tradiderunt, ab æquinoctio verno, et finiri æquinoctio automnali : et ita senis mensibus æstas atque hyems dividitur. (D. 43, 20, 1, § 32.)

ÆSTIVA AQUA, *V. Aqua.*

AGER.

*Ager* est locus qui sine villa est. (D. 50, 16, 27. Fr. Ulp.)

*Ager* est si species fundi ad usum hominis comparatur. (D. 50, 16, 115. Fr. Javol.) *V. Fundus.*

AGER, AREA, *V. Fundus.*

AGER VECTIGALIS.

Agri civitatum alii *vectigales* vocantur, alii non. *Vectigales* vocantur, qui in perpetuum locantur : id est hac lege, ut tamdiu pro illis vectigal pendatur, quamdiu neque ipsis, qui conduxerint, neque his, qui in locum eorum successerunt, aufferri eos liceat. *Non vectigales* sunt, qui ita colendi dantur, ut privatim agros nostros colendos dare solemus. (D. 6, 3, 1. Fr. Paul.)

### AGERE, GERERE, CONTRAHERE.

Labeo libro primo Prætoris Urbani definit, quod quædam agantur, quædam gerantur, quædam contrahantur. Et actum quidem generale verbum esse, sive verbis, sive re quid agatur : ut in stipulatione, vel numeratione. Contractum autem ultro citroque obligationem, quod Græci συνάλλαγμα vocant : veluti emptionem, venditionem, locationem, conductionem, societatem. Gestum rem significare sine verbis factum. (D. 50, 16, 19. Fr. Ulp.)

### AGERE.

Agere etiam is videtur qui exceptione utitur : nam reus in exceptione actor est. (D. 44, 1, 1. Fr. Ulp.)

### AGNI, OVES.

Agni videntur qui minores anniculis essent. (D. 32, de leg. III, 60. Fr. Alf.)

In quibusdam locis ovium numero esse videntur, cum ad tonsuram venerint. (D. Ib. 65. Fr. Marc.)

### AGI, *V. Ferri.*

### ALIENARE.

*Alienare* intelligitur etiam, qui alienam rem vendidit. (D. 4, 7, 8, § 2. Fr. Paul.)

### ALIENATIO.

Est *alienatio*, omnis actus per quem dominium transfertur. (C. 5, 23, 1.)

*Alienationis* verbum etiam usucapionem continet: vix est enim, ut non videatur *alienare*, qui patitur usucapi. Eum quoque alienare dicitur, qui non utendo amisit servitutes. (D. 50, 16, 28. Fr. Paul.)

ALIENATUM, VENDITUM.

*Alienatum* non proprie dicitur, quod adhuc in dominio venditoris manet: *Venditum* tamen recte dicetur. (D. 50, 16, 67. Fr. Ulp.)

ALIMENTA.

Legatis *alimentis* cibaria, et vestitus, et habitatio debebitur, quia sine his ali corpus non potest. (D. 34, 1, 6. Fr. Javol.)

ALLUVIO.

Quod per *alluvionem* agro tuo flumen adjecit, jure gentium tibi adquiritur. Est autem *alluvio* incrementum latens. Per alluvionem id videtur adjici, quod ita paulatim adjicitur, ut intelligi non possit, quantum quoquo temporis momento adjiciatur. (I. 2, 1, 20.)

AMICUS.

*Amicos* appellare debemus non levi notitia conjunctos: sed quibus fuerint jura cum patrefamilias, honestis familiaritatis quæsita rationibus. (D. 50, 16, 223, § 1. Fr. Paul.)

AMITA.

*Amita* est patris soror. (D. 38, 10, 10, § 14.)

### AMITA MAGNA.

*Amita magna* est avi soror. (*Ib.*, § 15.)

### AMITA MAJOR.

*Amita major* : ea est proavi soror, patris vel matris amita magna. (*Ib.*, § 16.)

### AMITA MAXIMA.

*Amita maxima* : ea est abavi soror, patris vel matris amita major. (*Ib.*, § 17.)

### AMITTERE.

Rem *amisisse* videtur, qui adversus nullum ejus persequendæ actionem habet. (D. 50, 16, 14, § 1. Fr. Paul.)

*Amisisse* dicemur, quod aut consequi potuimus, aut erogare cogimur (D. 9, 2, 33. Fr. Paul.)

### AMOVERI.

*Amovisse* eum accipimus, qui quid celaverit, aut interverterit, aut consumpserit. (D. 29, 2, 71, § 6. Fr. Ulp.) *V. Rapi.*

### AMPLIUS, MINUS.

Verbum *amplius* ad eum quoque pertinet cui nihil debetur : siculi ex contrario *minus* solutum videtur, etiamsi nihil esset exactum. (D. 50, 16, 82. Fr. Paul.)

### AMPLIUS NON PETI.

*Amplius non peti* verbum Labeo ita accipiebat, si judicio petitum esset. Si autem in jus eum vocaverit, et satis judicio sistendi causa acceperit, judicium tamen cœptum non fuerit : ego puto non committi stipulationem *amplius non peti*. Hic enim non petit, sed petere vult. (D. 46, 8, 15. Fr. Paul.)

### ANGIPORTUS, *V. Portus*.

### ANNICULUS.

*Anniculus* non statim ut natus est, sed trecentesimo sexagesimo quinto die dicitur, incipiente plane, non exacto die, quia annum civiliter, non ad momenta temporum, sed ad dies numeramus.

*Anniculus* amittitur, qui extremo anni die moritur : et consuetudo loquendi id ita esse declarat, *ante diem decimum kalendarum, post diem decimum kalendarum* : Neque utro enim sermone undecim dies significantur. (D. 50, 16, 134 et 132. Fr. Paul.)

### ANNUS LUGUBER.

Annum luctus mulieris leges annum *lugubrem* appellant. (Arg. ex N. 30, cap. 2.)

### APOCHA.

Inter *acceptilationem* et *apocham* hoc interest, quod acceptilatione omnimodo liberatio contingit, licet pecunia soluta : apocha non alias, quam si pecunia soluta sit. (D. 46, 4, 19, § 1. Fr. Ulp.)

APOSTOLI. *(V. Dimissoriæ litteræ.)*

APPELLARE. *(In lege Cornelia de Injuriis.)*

*Appellare* est blanda oratione alterius pudicitiam adtentare : hoc enim non est convicium (facere), sed adversus bonos mores adtentare.

Aliud est *appellare*, aliud *adsectari*. *Appellat* enim qui sermone pudicitiam adtentat : *adsectatur* qui tacitus frequenter sequitur. (D. 47, 10, 15, §§ 20 et 22. Fr. Ulp.)

APUD, *V. Penès.*

AQUA COTTIDIANA.

*Cottidiana aqua* non illa est quæ cottidie ducitur : sed ea, qua quis cottidie possit uti, si vellet : quanquam cottidianam interdum hieme ducere non expediat, etsi possit duci. (D. 43, 20, 1, § 2.)

AQUA ÆSTIVA.

*Æstiva aqua* ea est qua æstate sola uti expedit.. Ego puto probandum, ex proposito utentis, et ex natura locorum aquam æstivam a cottidiana discerni. Nam si sit ea aqua, quæ perpetuo duci possit, ego tamen æstate sola ea utar. Dicendum est hanc aquam esse æstivam. Rursum si ea sit aqua, quæ non nisi æstate duci possit : æstiva dicetur. (*Ib.*)

### AQUA PLUVIA.

*Aquam pluviam* dicimus, quæ de cœlo cadit, atque imbre excressit : sive per se hæc aqua cœlestis noceat ; ut Tubero ait, sive cum alia mixta (sit). (D. 39, 3, 1. Fr. Ulp.)

### AQUÆDUCTUS.

*Aquæductus* est jus aquam ducendi per fundum alienum. (D. 8. 3. 1. Fr. Ulp.)

### ARBITRATU ALICUJUS FIERI.

Illa verba *Arbitratu Lucii Titii fieri*, jus significant, et in servum non cadunt. (D. 50, 16, 68. Fr. Ulp.)

### ARBITRIUM RECIPERE.

*Recepisse arbitrium* videtur (ut Pedius, lib. IX, dicit) qui judicis partes suscepit, finemque se sua sententia controversiis impositurum pollicetur. (D. 4, 8, 13, § 2. Fr. Ulp.)

### ARBOR.

*Arboris* appellatione etiam vites continentur. (D. 43, 27, 1, § 3).

### ARBORES FURTIM CÆSÆ.

*Furtim cæsæ*, arbores videntur, quæ ignorante domino cælandique ejus causa cæduntur. (D. 47, 7. 7. Fr. Ulp.)

ARGENTUM FACTUM.

*Argentum factum* recte quis ita definierit, quod neque in massa, neque in lamna, neque in signato, neque in supellectili, neque in mundo, neque in ornamentis insit. (D. 34, 2, 27, § 6, Fr. Ulp.)

ARGENTUM INFECTUM.

*Infecti* autem argenti appellatio rudem materiam continet, id est, *non factam*. (D. 34, 2, 19, § 1. Fr. Ulp.)

ARGENTUM SIGNATUM.

Si aurum vel *argentum signatum* legatum est, id pater-familias videtur testamento legasse, quod ejus aliqua forma est expressum : veluti, quæ Philippi sunt, itemque nomismata et similia. (*Ib.*)

ARMA.

*Arma* sunt omnia tela : hoc est et fustes et lapides, non solum gladii, hastæ frameæ, id est romphceæ. (D. 43, 16, 3, § 2.)

*Armorum* appellatio non utique scuta, et gladios, et galeas significat. Sed et fustes, et lapides. (D. 50, 16, 41. Fr. Gaii.)

ARROGATIO, *V. Adoptio.*

AS.

Hereditas plerumque dividitur in duodecim uncias quæ *assis* appellatione continentur. Habent autem et hæ partes propria nomina ab uncia usque ad assem (puta) hæc : *sextans*, *quadrans*, *triens*, *quincunx*, *semis*, *septunx*, *bes*, *dodrans*, *dextans*, *deunx (as)*. (D. 38, 5, 50, § 2. Fr. Ulp. — l. 2, 14, § 5.)

ATAVUS, *V. Avus.*

ATROX INJURIA.

*Atrocem injuriam*, aut persona, aut tempore, aut re ipsa fieri, Labeo ait : Persona atrocior injuria fit ut cum magistratui, cum parenti, patrono fiat. Tempore si ludis, et in conspectu. Nam *prætoris in conspectu*, an in solitudine injuria facta sit, multum interesse, ait : quia atrocior est, quæ in conspectu fiat. Re atrocem injuriam haberi Labeo ait (ut) puta si vulnus illatum vel os alicui percussum. (D. 47, 10, 7, § 8. Fr. Ulp.)

AVES.

Avibus legatis anseres phasiani et gallinæ et aviaria debebuntur. (D. 32 de leg. III, 66, Fr.)

AVUNCULUS.

*Avunculus* est matris frater. (D. 38. 10, 10, § 14).

AVUNCULUS MAGNUS.

*Avunculus magnus* est aviæ frater. (D. 38, 10, § 15.)

AVUNCULUS MAJOR.

*Avunculus major* : is est proaviæ frater, patris vel matris avunculus magnus. (D. 38, 10, 10, § 16.)

AVUNCULUS MAXIMUS.

*Avunculus maximus* : is est abaviæ frater, patris vel matris, avunculus major. (D. 38, 10, 10, § 17.)

AVUS, PROAVUS, ABAVUS, ATAVUS, TRITAVUS.

*Avus* hoc est, patris et matris pater : item *avia* tam paterna, quam materna. (D. 38, 10, 10, § 13. Fr. Paul.)

*Proavus* quadrifariter intelligitur : est enim avi paterni, aut materni pater, item aviæ paternæ, aut aviæ maternæ pater. *Proavia* quoque quatuor personas complectitur : est enim aut avi paterni, aut aviæ paternæ mater : item avi materni, et similiter aviæ maternæ mater. *(Ib.,* § 14.)

*Abavus* est proavi paterni aut materni pater, quos singulos duplici modo intelligendos diximus, aut proaviæ paternæ aut maternæ pater, quæ et ipsæ singulæ dupliciter accipiuntur. *Abavia*, et hæc octies numeratur : est enim proavi paterni aut materni; item proaviæ paternæ aut maternæ mater. (*Id.*, § 15.)

*Atavus* est abavi vel abaviæ pater, proavi vel proaviæ avus, avi aviæque proavus, patris vel matris abavus. *(Ib.,* § 16.)

*Tritavus* est patris et matris atavus, avi vel aviæ abavus, proavi proaviæ proavus, abavi vel abaviæ avus, atavi vel ataviæ pater, dictus quasi tertius avus. *(Ib.,* § 17.)

# B

BEARE, V. *Bona*.

BES, V. *As*.

BELLO AMISSI.

*Bello amissi* ad tutelæ excusationem prosunt : quæsitum est autem, qui sunt isti : utrum hi qui in acie sunt interempti ; an vero omnes omnino qui per causam belli parentibus sunt abrepti, in obsidione forte ? Melius igitur probabitur, eos solos qui in acie amittuntur, prodesse debere, cujuscumque sexus vel ætatis sint : hi enim pro republica ceciderunt. (D. 27, 1, 18. Fr. Ulp.)

BESTIÆ.

*Bestias* accipere debemus ex feritate magis quam ex animalis genere : Nam quid, si leo sit, sed mansuetus, vel alia dentata mansueta ? (D. 3, 1, 1, § 6. Fr. Ulp.)

BIBLIOTHECA.

Nerva ait.... et locum significare *bibliothecam*, et alias armarium.... alias libros (D. 32, de leg. III, 52, § 7. Fr. Ulp.)

BISEXTUM.

Cum *bisextum* kalendis est : nihil refert (utrum) priore an posteriore die quis natus sit, et deinceps sextum kalendas ejus natalis dies est : nam id biduum pro uno die habetur : sed posterior dies intercalatur, non prior : ideo quo anno intercalatum non est sexto kalendas natus : cum bisextum kalendis est, priorem diem natalem habet. (D. 50, 16, 98. Fr. Cels.)

BONA.

*Bonorum* appellatio aut naturalis aut civilis est : Naturaliter bona ex eo dicuntur, quod *beant*, hoc est beatos faciunt : *beare* est prodesse. In bonis autem nostris computari sciendum est, non solum quæ dominii nostri sunt, sed et si bona fide a nobis possideantur, vel superficiaria sint. Æque bonis adnumerabitur, etiam si quid est in actionibus, petitionibus persecutionibus : nam hæc omnia in bonis esse videntur. (D. 50, 16, 49, Fr. Ulp.)

Proprie *bona* dici non possunt, quæ plus non incommodi quam commodi habent. (D. 50, 16, 83. Fr. Javol.)

*Bona* intelliguntur cujusque, quæ deducto ære alieno supersunt. (D. 50, 16, 39, § 1. Fr. Paul.)

*Bonorum appellatio*, sicut hereditatis, universitatem quamdam ac jus successionis, et non singulas res demonstrat. (D. 50, 16, 208. Fr. African.)

Princeps *bona* concedendo videtur etiam obligationes cedere. (D. 50, 16, 21. Fr. Paul.)

BONA PUBLICA.

Bona civitatis abusive *publica* dicta sunt ; sola

enim ea publica sunt, quæ populi Romani sunt. (D. 50, 16, 15. Fr. Ulp.)

Inter publica habemus non sacra, nec religiosa, nec quæ publicis usibus destinata sunt. Sed si qua sunt civitatium velut bona, sed peculia, servorum civitatium procul dubio publica habentur. (D. 50, 16, 17. Fr. Ulp.) *V. Hereditas.*

### BONÆ FIDEI EMPTOR.

*Bonæ fidei emptor* esse videtur qui ignoravit eam rem alienam esse : aut putavit eum qui vendidit jus vendendi habere, puta procuratorem aut tutorem esse. (D. 50, 16, 109. Fr. Modest.)

### BONORUM POSSESSIO.

*Bonorum possessionem* ita recte definiemus : jus persequendi retinendique patrimonii, sive rei, quæ cujusque, cum moritur, fuit. (D. 37, 1, 3, § 2.)

---

## C

### CADUCUM.

Quod quis sibi testamento relictum ita ut jure civili capere possit, aliqua ex causa non ceperit, *caducum* appellatur; veluti cecidit ab eo. (Ulp. Reg. 17.)

CÆDERE.

*Cædere* est non solum succidere sed etiam ferire cædendi causa. *Cingere* est deglabrare. *Subsecare* est subsecuisse : non enim poterat cæcidisse intelligi, qui serra secuisset. (D. 47, 7, 5. Fr. Paul.)

CÆTERI, RELIQUI.

*Cæterorum* et *reliquorum* appellatione etiam omnes continentur, ut Marcellus dixit circa eum, cui optio servi legata est, cæteri Sempronio : nam tentat, si non optet omnes ad Sempronium pertinere. (D. 50, 16, 160. Fr. Ulp.) *V. Reliqui.*

CALUMNIARI, PRÆVARICARI, TERGIVERSARI.

*Calumniari* est falsa crimina intendere. *Prævaricari*, vera crimina abscondere : *Tergiversari*, in universum ab accusatione desistere. (D. 48, 16, 1, § 1. Fr. Marc.)

CALUMNIOSUS.

*Calumniosus* est, qui sciens prudensque per fraudem negotium alicui comparat. (Paul. Sent. 1, 5, 1.)

CALVUS, CALUMNIATOR.

*Si calvitur* et moretur, et frustretur. Inde et *calumniatores* appellati sunt, quia per fraudem, et frustrationem alios vexarent litibus. Inde et *cavillatio* dicta est. (D. 50, 16, 233. Fr. Gaii.)

### CAPERE, ACCIPERE, PERVENISSE.

Aliud est capere, aliud accipere. *Capere* cum effectu accipitur. *Accipere*, etsi quis non accepit, ut habeat : ideoque non videtur quis capere, quod erit restiturus : sicut *pervenisse* proprie illud dicitur, quod est remansurum. (D. 50, 16, 71. Fr. Ulp.)

### CAPITALEM FRAUDEM ADMITTERE.

*Capitalem fraudem admittere* est, tale aliquid delinquere propter quod capite primendus sit : Veteres enim fraudem pro pœna ponere solebant. (D. 21, 1, 23, § 2. Fr. Ulp.)

### CAPITALIS.

Licet *capitalis* latine loquentibus omnis causa existimationis videatur : tamen appellatio *capitalis*, mortis, vel amissionis civitatis intelligenda est. (D. 50, 16, 103. Fr. Modest.) *V. Judicia capitalia.*

### CAPITIS ACCUSATIO.

Labeo existimabat *capitis accusationem* eam esse cujus pœna mors aut exilium esset. (D. 37, 14, 10. Fr. Terent. Clem.)

### CAPITIS MINUTIO.

*Capitis minutio* est, status permutatio. (D. 4, 5, 1. Fr. Gaii.)

Capitis deminutionis tria genera sunt : maxima, media, minima : tria enim sunt quæ habemus, libertatem, civitatem, familiam. (D. 4, 5, 11. Fr. Paul.)

CAPSARIUS.

*Capsarius*, id est, qui portat libros. (D. 40, 2, 13. Fr. Ulp.)

CAPUT AQUÆ.

*Caput aquæ* illud est unde aqua nascitur : si ex fonte nascatur, ipse fons; si ex flumine vel lacu, prima incilia, vel principia fossarum, quibus aquæ ex flumine, vel ex lacu in primum rivum (communem) pelli solent. Plane si aqua, sudoribus manando, in aliquem primum locum effluere, atque ibi apparere incipit : ejus hoc caput dicemus, ubi primum emergit. (D. 43, 20, 1, § 8. Fr. Ulp.)

CASTRENSE, *V. Peculium castrense.*

CAUPONES, STABULARII.

*Caupones* autem, et *stabularios* æque eos accipiemus, qui cauponam vel stabulam exercent, institoresve eorum. (D. 4, 9, 1, § 5. Fr. Ulp.)

CARBO, LIGNUM.

*Carbonum* appellatione materiam non contineri : sed an *lignorum*? Et fortassis quis dicet, nec lignorum, non enim lignorum gratia habuit. Sed et titiones et alia ligna cocta, ne fumum faciant, utrum ligno an carboni, an suo generi adnumerabimus? Et magis est ut proprium genus habeatur. Sulphurata quoque de ligno æque eamdem habebunt definitionem. Ad faces quoque parata non erunt lignorum appellatione comprehensa, nisi hæc fuit voluntas. Idem et de nucleis olivarum, sed et de balanis est, vel si qui alii nuclei. De pinu autem integri stroboli ligni appellatione continebuntur. (D. 50, 16, 167. Fr. Ulp.)

## CARMEN FACERE.

*Carmen facit*, non tantum qui satyras et epigrammata; sed illegitimam insectandi alicujus causam, quidve aliud alio genere componit. (Paul. Sent. 5, 4, § 15.)

## CASTELLUM.

Ex eo receptaculo quod aquam publicam suscipit, *castellum* accipe. (D. 43, 20, 1, § 39, Fr. Ulp.)

## CAUSÆ COLLECTIO.

..... Cum ad judicem venerant, antequam apud eam causam perorarent, solebant breviter ei et quasi per indicem rem exponere; quæ dicebatur *causæ collectio*, quasi causæ suæ in breve coactio. (Gaii C. IV, § 15.)

## CAVERE.

Sancimus *cautionis* nomine, vel ἀσφαλείας, id est securitatis, non esse fidejussoris donationem interpretandam : nisi hoc specialiter, vel in græcis, vel in latinis verbis scriptum fuerit : nisi enim, vel generaliter de satisdatione, vel fidejussione specialiter sit nominatum, cautione, vel ασφαλεια nimie fidejussionem, sed nudam promissionem significari. (C. 6, 38, 3, Imp. Justinian.)

*Cautum* intelligitur sive personis, sive rebus cautum sit. (D. 50, 16, 188. Fr. Paul.)

## CAVILLATIO.

Natura *cavillationis* quam Græci Σωρείτης (id est *acervalem* syllogismum) appellaverunt, hæc est, ut ab evidenter veris, per brevissimas mutationes, disputatio ad ea, quæ evidenter falsa sunt, perducatur. (D. 50, 16, 177. Fr. Ulp.) *V. Calvus.*

## CEDERE DIEM.

*Cedere diem* significat, incipere deberi pecuniam : *venire diem* significat, cum diem venisse, quo pecunia peti possit. Ubi pure quis stipulatus fuerit, et cessit et venit dies : ubi in diem, cessit dies, sed nondum venit : ubi sub conditione, neque cessit, neque venit dies, pendente adhuc conditione. (D. 50, 16, 177. Fr. Ulp.)

## CENSERE, CENSOR.

........ Cum *census* jam majori tempore agendus esset, et consules non sufficerent, huic quoque officio *censores* constituti sunt. (D. 1, 2, 2, § 17. Fr. Pompon.)

*Censeri* est constituere et præcipere : unde etiam dicere solemus, *censeo hoc facias*, et semet aliquid censuisse. Inde *censoris* nomen videtur esse tractatum. (D. 50, 16, 111. Fr. Javol.)

CEPISSE.

*Cepisse* quis intelligitur, quamvis alii adquisiit. (D. 50, 16, 140. Fr. Ulp.) *V. Capere.*

CERNERE.

*Cernere* est verba cretionis dicere ad hunc modum : *cum (id) me Mævius heredem instituit, cum hereditatem adeo cernoque.* (Ulp. Reg. 22, § 28.) *V. cretio.*

CERTUM.

*Certum* est, cujus species vel quantitas, quæ in obligatione versatur, aut nomine suo, aut ea demonstratione, quæ nominis vice fungitur, qualis quantaque sit, ostenditur. Nam et Pedius libro primo de stipulationibus nihil referre ait, proprio nomine res appelletur, an digito ostendatur, an vocabulis quibusdam demonstretur : quatenus mutua vice fungantur, quæ tantumdem præstent. (D. 12, 1, 6. Fr. Paul.)

*Certum* est quod ex ipsa pronunciatione apparet, quid, quale, quantumque sit : ut ecce aurei decem, fundus Tusculanus, homo Stichus, tritici Africi optimi modii centum, vini Campani optimi amphora centum. (D. 45, 1, 74. Fr. Gaii.)

CERYCIA, *V. Sancta.*

CESSIO IN JURE.

*In jure cessio* communis alienatio est et mancipi, rerum, et nec mancipi, quæ fit per tres personas, in jure *cedentis*, *vindicantis*, *addicentis*. In jure *cedit* dominus, *vindicat* is cui ceditur, *addicit* Prætor. (Ulp. Reg. 19, §§ 9 et 10.)

CESSICUS TUTOR, *V. Tutor cessicus.*

CINGERE, *V. Cædere.*

CIRCITORES.

Quibus vestiarii, vel lintearii dant vestem circumferendam et distrahendam; quos vulgo *circitores* appellamus. (D. 14, 3, 5. Fr. Ulp.)

CIVIS, INCOLA.

*Cives* quidem origo, manumissio, allectio vel adoptio : *incolas* vero domicilium facit. (C. 10, 39, 7.)

CIVIS ROMANUS.

In orbe romano qui sunt ex constitutione imperatoris Antonini *cives romani* effecti sunt. (D. 1, 5, 17. Fr. Ulp.)

CLAM FACERE.

*Clam facere* videri Cassius scribit eum qui celavit

adversarium, neque ei denuntiavit : si modo timuit ejus controversiam, aut debuit timere. Idem Aristo putat, eum quoque clam facere, qui celandi animo habet eum, quem prohibiturum se intellegerit, et id existimat, aut existimare debet, se prohibitum iri. (D. 43, 24, 3, § 7. Fr. Ulp.)

CLAM POSSIDERE.

*Clam possidere* eum dicimus, qui furtive ingressus est possessionem, ignorante eo, quem sibi controversiam facturum suspicabatur, et ne faceret timebat. Is autem, qui cum possideret non clam, se celavit, in ea causa est, ut non videatur clam possidere. Non enim ratio obtinendæ possessionis, sed origo nanciscendæ exquirenda est. (D. 41, 2, 6. Fr. Ulp.)

CLARISSIMÆ FEMINÆ.

Feminæ nuptiæ clarissimis personis, *clarissimarum personarum* appellatione continentur. Clarissimarum feminarum nomine, senatorum filiæ, nisi quæ viros clarissimos sortitæ sunt, non habentur. Feminis enim dignitatem clarissimam mariti tribuunt. (D. 1, 9, 8. Fr. Ulp.)

CLOACA.

*Cloaca* est locus clavus, per quem colluvies quædam fluat.

*Cloacæ* appellatione et tubus et fistula continetur. (D. 43, 23, 1, § 4. Fr. Ulp.)

### COERCERE AQUAM.

*Coercere aquam* est continere sic, ne diffluat, ne dilabatur : dummodo non permittatur, vias novas quærere, vel aperire. (D. 43, 22, 1, § 9. Fr. Ulp.)

### COGNATI.

*Cognati* appellati sunt, quasi ex uno nati, aut, ut Labeo ait, quasi commune nascendi initium habuerint. (D. 38, 8; 1, § 1. Fr. Ulp. — D. 38, 10, 4, § 1. Fr. Modest.)

Nomen *cognationis* a græca voce dictum videtur. Συγγενεῖς enim illi vocant, quos nos cognatos appellamus.

*Cognati* sunt, et quos adgnatos lex XII Tabularum appellat. (D. 38, 10, 10, §§ 1 et 2. Fr. Paul.) *V. Adgnati.*

### COGNOSCERE INSTRUMENTA.

*Cognoscere instrumenta* est relegere, et recognoscere. *Dispungere* est conferre accepta et data. (D. 50, 16, 56. Fr. Ulp.)

### COLLEGA.

*Collegarum* appellatione hi continentur qui sunt ejusdem potestatis. (D. 50, 16, 173. Fr. Ulp.)

### COLLEGIUM.

Neratius Priscus tres facere existimat *collegium* : et hoc magis sequendum est. (D. 50, 16, 85. Fr. Marcel.) *V. Sodales.*

### COMES.

*Comitem* accipere debemus eum qui comitetur et sequatur. (D. 47, 10, 15, § 16. Fr. Ulp.)

### COMMENDARE.

*Commendare* nihil aliud est quam deponere. (D. 50, 16, 186. Fr. Ulp.)

.......Quid est enim aliud *commendare* quam deponere. (D. 16, 3, 24. Fr. Papinian.)

### COMMERCIUM.

*Commercium* est emendi vendendique invicem jus. (Ulp. Reg. 19, § 5.)

### COMMODATUM, UTENDUM DATUM.

Inter *commodatum* et *utendum datum* Labeo quidem ait tantum interesse, quantum inter genus, et speciem : commodari enim rem mobilem, non etiam soli : utendam dari etiam soli. (D. 13, 6, 1. Fr. Ulp.)

### COMMODUM, POSSE.

Nepos Proculo suo salutem : ab eo qui ita dotem promisit : *cum commodum erit dotis filiæ meæ tibi erunt aurei centum*, putasne, protinus nuptiis factis dotem peti posse? Quid si ita promisisset, *cum potuero, doti erunt?* Quod si aliquam vim habeat posterior obligatio, *possit* verbum quomodo interpretaris? Utrum ære alieno deducto, an extante? Proculus : cum dotem quis (ita) promisit, *cum potuero, doti tibi erunt centum* : existimo, ad id, quod actum est, interpretationem redigendam esse; nam qui ambigue loquitur, id loquitur, quod ex his, quæ significantur, sensit : propius est tamen, ut hoc eum sensisse existimem, deducto ære alieno potero; potest etiam illa accipi significatio, cum salva dignitate mea potero : quæ interpretatio eo magis accipienda est, si ita promissum est, *cum commodum erit*, hoc est, cum sine incommodo meo potero. (D. 50, 16, 125. Fr. Procul.)

COMPELLI, *V. Persuadere.*

COMPENSATIO.

*Compensatio* est debiti et crediti inter se contributio. (D. 16, 2, 1. Fr. Modest.)

CONCUBINA.

*Concubinam* ex sola animi destinatione æstimari oportet. (D. 25, 7, 4. Fr. Paul.)

CONDEMNATIO.

*Condemnatio* est ea pars formulæ qua judici condemnandi absolvendive potestas permittitur, velut hæc pars formulæ : *Judex Numerium Negidium Aulo Agerio sestertium X millia condemna, si non paret absolve.* (Gaii C. IV, § 43.)

CONDEMNATUS.

*Condemnatum* accipere debemus eum, qui rite

condemnatus est, ut sententia valeat : cæterum si aliqua ratione sententia nullius momenti sit, dicendum est, condemnationis verbum non tenere. (D. 42, 1, 4, § 6. Fr. Ulp.)

## CONDICERE.

*Condicere* est denuntiare, prisca lingua. (I. 4, 6, § 15.)

## CONDICTIO, V. *Actio in personam; Mutui datio.*

## CONJUNCTI.

Triplici modo conjunctio intelligitur : aut enim *re* per se conjunctio contingit, aut *re et verbis*, aut *verbis* tantum. Nec dubium est, quin conjuncti sint, quos et nominum, et rei complexus jungit : veluti *Titius et Mævius ex parte dimidia heredes sunto* : vel, Titius cum Mævio ex parte dimidia heredes sunto. Videamus autem, ne, etiam si hos articulos detrahas, *et, quæ, cum*; interdum tamen conjunctos accipi oporteat : veluti *Lucius Titius, Publius Mævius ex parte dimidia heredes sunto* : vel ita, *Publius Mævius, Lucius Titius heredes sunto : Sempronius ex parte dimidia heres esto* : ut Titius et Mævius veniant in partem dimidiam, et RE ET VERBIS conjuncti videantur. *Lucius Titius ex parte dimidia heres esto. Seius ex parte, qua Lucium Titium heredem institui, heres esto. Sempronius ex parte dimidia heres esto.* Julianus, dubitari posse, tres semisses facti sint, an Titius in eumdem semissem cum Gaio Seio institutes sit : sed eo quod Sempronius quoque ex parte dimidia scriptus est, verissimilius esse, in eundem semissem duos coactos, et conjunctim heredes scriptos esse. (D. 50, 16, 142. Fr. Paul.)

CONJUNCTIO, *V. Oratio soluta.*

CONNUBIUM.

*Connubium* est uxoris jure ducendæ facultas. (Ulp. Reg. 5, § 3.)

CONSANGUINEI.

*Consanguineos* Cassius definit eos, qui sanguine inter se connexi sunt. Non solum autem naturales, verum etiam adoptivi quoque *jura consanguinitatis* habebant cum his, qui sunt in familia, vel in utero, vel post mortem patris nati. (D. 38, 16, 1, §§ 10 et 11. Fr. Ulp.)

CONSENSU OBLIGARI, *V. Re obligari.*

CONSOBRINI, CONSOBRINÆ.

...... Illi, qui vocantur *fratres patrueles*, item *sorores patrueles (amintini, amintinæ), consobrini, consobrinæ*. Hi autem sunt, qui ex fratribus vel sororibus nascuntur : quod quidam ita distinxerunt, ut eos quidem, qui ex fratribus nati sunt, *fratres patrueles*, item eas, quæ ex fratribus natæ sunt, *sorores patrueles* ; ex fratre autem, et sorore, *amintinos*, *amintinas* ; eos vero et eas, qui quæve ex sororibus nati natæve sunt, *consobrinos*, *consobri-*

*nas*, quasi consororinos : sed plerique hos omnes consobrinos vocant, sicut Trebatius. (D. 38, 10, 10, § 15. Fr. Paul. — I. 3, 6, § 4.)

## CONSTITUTIO PRINCIPIS.

*Constitutio principis* est, quod imperator decreto, vel edicto, vel epistola constituit. (Gaii C. 1, § 5.)

## CONSULARES FEMINÆ.

*Consulares feminas* dicimus Consularium uxores : adjicit Saturninus, etiam matres, quod nec usquam relatum est, nec unquam receptum. (D. 1, 9, 1, § 1. Fr. Ulp.)

## CONSULES.

Exactis regibus, *consules* constituti sunt duo, penes quos summum jus uti esset, lege rogatum est. Dicti sunt ab eo quod plurimum reipublicæ *consulerent*. (D. 1, 2, 2, § 16. Fr. Pompon.)

## CONTEXTU, *V. Uno contextu.*

## CONTINENTES PROVINCIÆ.

*Continentes provincias* accipere debemus eas, quæ Italiæ junctæ sunt : ut puta Galliam: sed et provinciam Siciliam magis inter continentes accipere nos oportet, quæ modico freto Italia dividitur. (D. 50, 16, 99, § 1. Fr. Ulp.)

CONTRAHERE, *V. Agere.*

CONTUBERNALES, *V. Taberna.*

CONTUMAX.

*Contumax* est qui tribus edictis propositis, vel uno pro tribus, quod vulgo *peremptorium* appellatur, litteris evocatus præsentiam sui facere contemnet. (D. 42, 1, 53, § 1. Fr. Hermog.)

CONTUMELIA, *V. Injuria.*

CONVENTIO.

*Conventionis* verbum generale est, ad omnia pertinens, de quibus negotii contrahendi, transigendique causa consentiunt qui inter se agunt : nam siculi *convenire* dicuntur, qui ex diversis locis in unum (locum) colliguntur, et veniunt, ita et qui ex diversis animi motibus in unum consentiunt, id est, in unam sententiam decurrunt. Adeo autem conventionis nomen generale est, ut eleganter dicat Pedius, nullum esse contractum, nullam obligationem, quæ non habeat in se conventionem : sive re, sive verbis fiat : nam et stipulatio quæ verbis fit, nisi habeat consensum, nulla est. Sed conventionum pleraque in aliud nomen transeunt : veluti in emptionem, in locationem, in pignus, vel in stipulationem. (D. 2, 14, 1, §§ 3 et 4. Fr. Ulp.) *V. Obligatio, Pactum.*

CONVENTIO LEGITIMA.

*Legitima conventio* ea est, quæ lege aliqua confirmatur : et ideo interdum ex pacto actio nascitur vel tollitur, quotiens lege, vel senatusconsulto adjuvatur. (D. 2, 14, 6. Fr. Paul.)

CONVENTIO PUBLICA.

*Publica conventio* est, quæ fit per pacem quotiens inter se duces belli quædam paciscuntur. (D. 1, 14, 5. Fr. Ulp.)

CONVICIUM.

*Convicium* dicitur, vel a concitatione, vel a conventu, hoc est a collatione vocum : cum enim in unum complures voces conferuntur, convicium appellatur quasi *convocium*. (D. 47, 10, 15, § 3. Fr. Ulp.)

CONVICIUM FACERE.

*Fecisse convicium* non tantum is videtur qui vociferatus est : verum is quoque qui concitavit ad vociferationem alios, vel qui summisit ut vociferentur. (D. 47, 10, 15, § 8. Fr. Ulp.)

CORAM.

*Coram* Titio aliquid facere jussus, non videtur presente eo fecisse, nisi is intelligat : itaque si furiosus, aut infans sit, aut dormiat, non videtur coram eo fecisse. Scire autem, non etiam velle is debet : nam et invito eo recte fit, quod jussum est. (D. 50, 16, 209. Fr. Florent.)

COTTIDIANA, *V. Aqua cottidiana.*

## CREDERE, CREDITUM.

*Credendi* generalis appellatio est. ...... Nam cuicumque rei adsentiamur alienam fidem secuti, mox recepturi quid ex hoc contractu, *credere* dicimur.

*Creditum* ergo a *mutuo* differt qua genus a specie: nam *creditum* consistit extra eas res, quæ pondere, numero, mensurave continentur, etc. (D. 12, 1, 1. Fr. Ulp. — 2, § 3. Fr. Paul.) *V. Mutui datio.*

## CREDITOR.

*Creditores* accipiendos esse constat eos, quibus debetur ex quacumque actione vel persecutione, vel jure civili sine ulla exceptionis perpetuæ remotione, vel honorario, vel extraordinario, sive pure, sive in diem, vel sub conditione. Quod si natura debeatur, non sunt loco creditorum. Sed si non sit mutua pecunia, sed contractus, creditores accipiuntur. (D. 50, 16, 10. Fr. Ulp.)

*Creditorum* appellatione non hi tantum accipiuntur, qui pecuniam crediderunt: sed omnes, quibus ex qualibet causa debetur, ut si cui ex empto vel ex locato, vel ex alio ullo debetur. Sed et si ex delicto debeatur, mihi videtur posse creditoris loco non esse, postea esse. (D. 50, 16, 11. Fr. Gaii. — 12, Fr. Ulp.)

*Creditores* eos accipere debemus qui aliquam actionem vel civilem habent (sic tamen ne exceptione summoveantur), vel honorariam, vel in factum. (D. 44, 7, 42. Fr. Ulp.)

*Creditor* is est qui exceptione perpetua summoveri non potest : qui autem temporalem exceptionem timet, similis est conditionali creditori. (D. 50, 16, 55. Fr. Paul.)

### CREDITOR CONDITIONALIS.

*Conditionales creditores* dicuntur et hi, quibus nondum competit actio, est autem competitura : vel qui spem habent, ut competat. (D. 50, 16, 54. Fr. Ulp.)

### CRETIO.

*Cretio* est certorum dierum spatium quod datur instituto heredi ad deliberandum, utrum expediat ei adire hereditatem necne, velut : Titius heres esto cernitoque in diebus centum proximis quibus scieris poterisque ; nisi ita creveris, exheres esto.

Cretio aut *vulgaris* dicitur aut *continua* : vulgaris in qua adjiciuntur hæc verba, *quibus scieris poterisque ;* continua, in qua non adjiciuntur. (Ulp. Reg. 22, §§ 27 et 31.)

### CRETIO CONTINUA, *V. Cretio.*

### CRETIO IMPERFECTA.

*Imperfecta cretione*...... id est, non adjectis his verbis *si non creveris* exheres esto...... (Ulp. Reg. 22, § 34.)

CRETIO VULGARIS, *V. Cretio*.

CRIMEN MAJESTATIS.

*Majestatis crimen* illud est, quod adversus populum romanum, vel adversus securitatem ejus committitur. (D. 48, 4, 1, § 1. Fr. Ulp.)

CULPA.

Magna negligentia *culpa* est : magna culpa dolus est. (D. 50, 16, 226. Fr. Paul.)

CULPA LATA.

*Lata culpa* est nimia negligentia, id est non intelligere quod omnes intelligunt. (D. 50, 16, 213, § 2. Fr. Ulp.)

*Latæ culpæ* finis est non intelligere id quod omnes intelligunt. (D. 50, 16, 233. Fr. Paul.)

CULPA LEVISSIMA.

In lege Aquilia et *levissima culpa* venit. (D. 9, 2, 44. Fr. Ulp.)

CUM, POTSQUAM.

Inter illam conditionem, *cum fari potuerit*, et *postquam fari potuerit*, multum interest : nam posteriorem scripturam uberiorem esse constat : at *cum fari potuerit*, arctiorem : et id tantummodo tempus significare, quo primum fari possit. (D. 50, 16, 217. Fr. Javol.)

### CURLE.

...... Aucta ad aliquem modum civitate, ipsum Romulum traditur populum in trigenta partes divisisse, quas partes *curias* appellavit : propterea quod tunc reipublicæ *curam* per sententias partium earum expediebat.

Et ita *leges* quasdam et ipse *curiatas* ad populum tulit. (D. 1, 2, 2, § 2. Fr. Pompon.)

### CUSTODIA, *V. Vincula.*

---

# D

### DAMNUM.

*Damnum* et *damnatio* ab ademptione et quasi deminutione patrimonii dicta sunt. (D. 39, 2, 3. Fr. Paul.) *V. Lucrum.*

### DAMNUM INFECTUM.

*Damnum infectum* est, damnum nondum factum, quod futurum veremur. (D. 39, 2, 2. Fr. Gaii.)

### DAMNUM INJURIA DATUM.

Quod dicitur, *damnum injuria datum Aquilia persequi*, sic erit accipiendum, ut videatur damnum injnria datum, quod cum damno injuriam attulerit :

nisi magna vi cogente fuerit factum : ut Celsus scribit circa eum, qui incendii arcendi gratia, vicinas ædes intercidit : nam hic scribit cessare legis Aquiliæ actionem. (D. 9, 2, 49. Fr. Ulp.)

DARE.

*Dedisse* intelligendus est etiam is, qui permutavit, vel compensavit. (D. 50, 16, 76. Fr. Paul.)

DEBITOR.

*Debitor* intelligitur is, a quo invito exigi pecunia potest. (D. 50, 16, 108. Fr. Modest.)

Marcellus : definit *debitor* esse is, qui nanctus est exceptionem justam, nec ab æquitate naturali abhorrentem. (D. 50, 17, 66. Fr. Julian.)

DEBUIT.

Hoc verbum *debuit*, omnem omnino actionem comprehendere intelligitur, sive civilis, sive honoraria, sive fideicommissi fuit persecutio. (D. 50, 16, 178, § 3. Fr. Ulp.)

DECRETA, *V. Interdicta.*

DECURIONES.

*Decuriones* quidam dictos aiunt ex eo quod initio, cum coloniæ deducerentur, decima pars eorum, qui ducerentur, consilii publici gratia conscribi solita sit. (D. 50, 16, 239. Fr. Pompon.)

....... *Decurionem*, et suæ curiæ (si sic dici oportet) senatorem. (C. 10, 31, 33.)

### DEDITITII.

*Dedititii* vocantur autem, qui quondam adversus populum Romanum armis susceptis pugnaverunt, et deinde victi se *dediderunt*. (Gaii C. 1, § 14.)

### DEFENDERE.

*Defendere* autem est, id facere, quod dominus in litem faceret, et cavere idonee. (D. 3, 3, 35, § 3.)

*Defendi* autem non is videtur cujus se defensor ingerit, sed qui requisitus ab actore, non est defensioni defuturus : *Plenaque defensio* accipietur, si et judicium non detrectetur, et judicatum solvi satisdetur. (D. 4, 6, 21, § 3. Fr. Ulp.) *V. Recte defendi.*

*Defendi* videtur, qui per absentiam suam in nullo deteriorem causam adversarii faciat. (D. 42, 4, 2, § 3. Fr. Ulp.)

*Non defendere* videtur, non tantum qui latitat, sed et is qui præsens negat se defendere, aut non vult suscipere actionem. (D. 50, 17, 52. Fr. Ulp.)

### DEFICERE.

*Deficere* dicuntur, qui ab his, quorum sub imperio sunt desistunt, et in hostium numerum se conferunt : sed et hi, quos senatus *hostes* judicavit, vel lege lata : utique usque eo ut civitatem amittant. (D. 4, 5, 5, § 1. Fr. Paul.)

DEJICERE.

*Dejicitur* is qui possidet, sive civiliter sive naturaliter possideat. (D. 43, 16, 1, § 9. Fr. Ulp.)

*Dejicitur* qui amittit possessionem, non qui non accipitur. *(Ib.*, § 26.)

DELATA HEREDITAS.

*Delata hereditas* intelligitur, quam quis possit adeundo consequi. (D. 50, 16, 151. Fr. Terent. Clem.)

DELEGARE.

*Delegare* est vice sua alium reum dare creditori, vel cui jusserit. (D. 46, 2, 11. Fr. Ulp.)

DELICTUM MILITARE.

Omne delictum est *militis*, quod aliter, quam disciplina communis exigit, committitur, veluti segnitiæ crimen, vel contumaciæ vel desidiæ. (D. 49, 16, 6. Fr. Arr. Men.)

Proprium *militare* est *delictum* quod quis uti miles admittit. (D. 49, 16, 2. Fr. Arr. Men.)

DEMINUTUM, *V. Deperditum.*

DEMONSTRATIO.

*Demonstratio* est ea pars formulæ quæ præcipue illic inseritur, ut demonstretur res de qua agitur, velut hæc pars formulæ : QUOD AULUS AGERIUS NUMERO NEGIDIO HOMINEM VENDIDIT. (Gaii C. IV, § 40.)

*Demonstratio* plerumque vice nominis fungitur. (D. 35, 1, 34, Fr. Florent.)

DEMONSTRATIO, CONDITIO.

Inter *demonstrationem* et *conditionem* hoc interest, quod demonstratio plerumque factam rem ostendit, conditio futuram. (D. 35, 1, 34, § 1. Fr. Florent.)

DEPECTUS.

*Depectus* autem dicitur turpiter pactus. (D. 3, 6, 3, § 2. Fr. Ulp.)

DEPERDITUM, DEMINUTUM.

*Deperditum* intelligitur, quod in rerum natura esse desiit : *deminutum* vero, quod usucaptum esset, et ob id de hereditate exiit. (D. 5, 3, 21. F. Gaii.)

DEPORTATUS.

*Deportatos* eos accipere debemus quibus princeps insulas adnotavit, vel de quibus deportandis scripsit. (D. 32 de leg. 1, 1, § 3. Fr. Ulp.) *V. Relegatus.*

DEPOSITUM.

*Depositum* est quod custodiendum alicui datum est. Dictum ex eo, quod *ponitur* : præpositio enim *de* auget depositum, ut ostendat, totum fidei ejus commissum, quod ad custodiam rei pertinet. (D. 16, 3, 1. Fr. Ulp.)

DEPOSITUM IN SEQUESTRE.

Proprie *in sequestre* est depositum, quod a pluribus in solidum certa conditione custodiendum reddendumque traditur. (D. 16, 3, 6. Fr. Paul, 17. Fr. Florent.)

DEROGARE, ABROGARE.

Derogatur legi, aut abrogatur : *Derogatur* legi cum pars detrahitur; *abrogatur* legi cum prorsus tollitur. (D. 50, 16, 102. Fr. Modest.)

DESERTOR, *V. Emansor.*

DESINERE, ABESSE, *V. Abesse.*

DESISTERE.

*Destitisse* autem is videtur, non qui distulit, sed qui liti renuntiavit in totum. (D. 4, 4, 21. Fr. Ulp.)

Ab accusatione *destitit*, qui cum adversario suo de compositione ejus criminis, quod intendebat, fuerit locutus.

*Destitisse* videtur, qui intra præfinitum accusationis a præside tempus reum suum non peregit.

*Destitisse* eum accipiemus, qui in totum animum agendi deposuit, non qui distulit accusationem. (D. 48, 16, 6 pr. et § 2. — 13 Fr. Paul.)

DETESTARI.

*Detestari* est absenti denuntiare. (D. 50, 16, 39, § 2. Fr. Paul.)

### DETESTATIO.

*Detestatio* est denunciatio facta cum testatione. (D. 50, 16, 40. Fr. Ulp.)

### DETESTATUM.

*Detestatum* est testatione denunciatum. (D. 50, 16, 238, § 1. Fr. Gaii.)

### DICTUM, PROMISSUM.

*Dictum* a *promisso* sic discernitur : *Dictum* accipimus quod verbo tenus pronunciatum est, nudoque sermone finitur : *Promissum* autem potest referri et ad nudam promissionem, sive pollicitationem. (D. 21, 1, 19, § 2. Fr. Ulp.)

### DIEI MAJOR PARS.

Cujusque *diei major pars* est horarum septem primarum diei non supremarum. (D. 50, 16, 2, § 1. Fr. Paul.)

### DIEM CEDERE, VENIRE. *V. Cedere diem.*

### DIES NATURALIS.

More Romano *dies* a media nocte incipit et sequentis noctis media parte finitur : itaque quicquid in his viginti quatuor horis (id est duabus dimidiatis noctibus et luce media) actum est, perinde est, quasi quavis hora lucis actum esset. (D. 2, 12, 8. Fr. Paul.)

## DIMISSORIÆ LITTERÆ.

*Dimissoriæ litteræ* dicuntur, quæ vulgo *Apostoli* dicuntur : dimissoriæ autem dictæ, quod causa ad eum qui, appellatus est dimittitur. (D. 50, 16, 106. Fr. Modest.)

Ab eo a quo appellatum est ad eum qui de appellatione cogniturus est *litteræ dimissoriæ* diriguntur, quæ vulgo *apostoli* appellantur : quorum postulatio et acceptio intra quintum diem ex officio facienda est. (Paul. Sent. 5, 34, § 1.)

## DISJUNCTA, *V. Conjuncta.*

## DISJUNCTIVUM, SUBDISJUNCTIVUM.

Hæc verba, *ille aut ille*, non solum disjunctivæ, sed etiam subdisjunctivæ orationis sunt. *Disjunctivum* est, veluti cum dicimus, *aut dies aut nox est*, quorum posito altero, necesse est tolli alterum : item sublato altero, poni alterum : ita simili figuratione verbum potest esse *subdisjunctivum*. Subdisjunctivi autem genera sunt duo. Unum, cum ex propositis finibus ita non potest uterque esse, ut possit neuter esse : veluti cum dicimus, *aut sedet aut ambulat* : nam ut nemo potest utrumque simul facere : ita aliquis potest neutrum, velut is, qui accumbit. Alterius generis est, cum ex propositis finibus ita non potest neuter esse, ut possit utrumque esse, veluti cum dicimus, *omne animal aut facit, aut patitur* : nullum est enim, quod nec faciat nec patiatur : at potest simul et facere et pati. (D. 50, 16, 124. Fr. Procul.)

DISPUNGERE INSTRUMENTA, *V. Cognoscere instrumenta.*

### DIVORTIUM.

*Divortium*, vel a *diversitate* mentium dictum est, vel quia in *diversas* partes eunt qui distrahunt matrimonium. (D. 24, 2, 2, Fr. Gaii.)

### DIVORTIUM, REPUDIUM.

Inter *divortium* et *repudium* hoc interest, quod repudiari etiam futurum matrimonium potest : non recte autem sponsa divortisse dicitur : quod divortium ex eo dictum est, quod in *diversas* partes eunt, qui discedunt. (D. 50, 16, 191. Fr. Paul.)

*Divortium* inter virum et uxorem fieri dicitur : *repudium* vero sponsæ remitti videtur : quod et in uxoris personam non absurde cadit. (D. 50, 16, 101, § 1. Fr. Modest.)

### DOLI CLAUSULA.

Hæc verba : *cui rei dolus malus aberit, afuerit* : generaliter comprehendunt omnem dolum, quicumque in hanc rem admissus est, de qua stipulatio est interposita. (D. 50, 16, 69. Fr. Ulp.)

### DOLUS.

*Dolus* est cum aliud agitur, aliud simulatur. (Paul. Sent. 1, 8, § 1.)

*Dolus* est si quis nolit persequi, quod persequi potest, aut si quis non exegerit, quod exigere solvere. (D. 17, 1, 44. Fr. Ulp.)

*Dolum* accipere debemus et culpam latam (D. 36, 4, 5, § 15. Fr. Ulp.) *V. Culpa.*

DOLUS MALUS.

*Dolum malum* Servius quidem ita definit: machinationem quandam alterius decipiendi causa cum aliud simulatur, et aliud agitur. Labeo autem, posse et sine simulatione id agi, ut quis circumveniatur: posse et sine dolo malo aliud agi, aliud simulari: siculi faciunt qui per ejusmodi dissimulationem deserviant, et tuentur vel sua vel aliena. Itaque ipse sic definiit, dolum malum esse *omnem calliditatem, fallaciam, machinationem ad circumveniendum, fallendum, decipiendum, alterum adhibitam.* Labeonis definitio vera est.... Prætor adjecit malum: quoniam veteres *dolum* etiam *bonum* dicebant, et pro solertia hoc nomen accipiebant : maximo, si adversus hostem latronemve quis machinatur. (D. 4, 3, 1, §§ 2 et 3. Fr. Ulp.) *V. Venenum, Venenum malum, Persuadere.*

DOMICILIUM.

Habere *domicilium* non ambigitur, ubi quis larem, rerumque, ac fortunarum suarum summam constituit, unde non sit discessurus si nihil avocet :

unde cum profectus est, peregrinari videtur : quod si rediit, peregrinari jam destitit. (C. 10, 39, 7.)

## DOMINIUM.

*Dominium* (id est proprietas) est plena in re potestas. (Arg. ex I, 2, 4, § 4. — D. 41, 1, 13.)

## DOMINUS.

*Domini* appellatione continetur qui habet proprietatem, etsi ususfructus alienus sit.

*Domini* appellatione etiam pro parte dominum contineri, dicendum est.

*Domini* appellatione et filius-familias cæterique liberi qui in potestate sunt, continentur. (D. 29, 5, 1, §§ 1, 6 et 7. Fr. Ulp.)

## DOMUS.

*Domum* pro habitatione et domicilio nos accipere debere, certum est. (D. 11, 5, 1, § 2. Fr. Ulp.)

Appellatione *Domus* insulam quoque injunctam domui videri, si uno pretio cum domu fuisset comparata, et utriusque pensiones similiter accepto latas rationibus ostenderentur. (D. 32, de leg. III, 91, § 6, Fr. Papin.)

## DOMUS USU SUO.

In lege Censoria portus Siciliæ ita scriptum erat : servos quos *domo* quis ducet, *suo usu*, pro his portorium ne dato. Quærebatur, si quis a Sicilia servos

Romam mitteret fundi instruendi causa, utrum pro his hominibus portorium dare deberet, necne? Respondit, duas esse in hac scriptura quæstiones? Primam quid esset *domum* ducere: alteram, quid esset *suo usu* ducere. Igitur quæri soleret, utrum ubi quisque habitaret, sive in provincia, sive in Italia, an duntaxat in sua cujusque patria, domus esse recte diceetur? Sed de ea re constitutum esse, eam domum unicuique nostrum debere existimari ubi quisque sedes et tabulas haberet, suarumque rerum constitutionem fecisset. Quid autem esset, *usu suo*, magnam habuisse dubitationem: et magis placet, quod victus cui causa paratum est, tantum itineri. Itemque, de servis eadem ratione quæri, qui eorum usus sui causa parati essent: utrum dispensatores, insularii, villici, atrienses, textores, operarii quoque rustici, qui agrorum colendorum causa haberentur, ex quibus (agris) paterfamilias fructus caperet, quibus se tolerarent omnes denique servos, quos quisque emisset, ut ipse haberet (atque eis ad aliquam rem uteretur), neque ideo emisset, ut venderet? Et sibi videri, eos demum *usus sui causa* patrem-familias habere, qui ad ejus corpus tuendum, atque ipsius cultum præpositi destinatique essent: quæ in genere junctores, cubicularii, coci, ministratores, atque alii, qui ad ejusmodi usum parati essent numerarentur. (D. 50, 16, 203. Fr. Alf. Var.)

## DONARE.

*Donari* videtur, quod nullo jure cogente conceditur. (D. 39, 5, 29. — D. 50, 17, 82. Fr. Papin.)

## DONATIO.

*Donatio* dicta est a dono, quasi dono datum : rapta a Græco ; nam hi dicunt δωρον και δωρειαθας, id est, *donum* et *donare*. (D. 39, 6, 35, § 1. Fr. Paul.) *V. Donare*.

*Donationis* verbum simpliciter loquendo, omnem donationem comprehendisse videtur, sive mortis causa, sive non mortis causa fuerit. (D. 50, 16, 67, § 1. Fr. Ulp.)

## DONATIO MORTIS CAUSA.

*Mortis causa* donatio est cum quis habere se vult, quam eum, cui donat ; magisque eum, cui donat, quam heredem suum. (D. 39, 6, 1. Fr. Marcian.)

## DONUM, MUNUS.

Inter *donum* et *munus* hoc interest, quod inter genus et speciem : nam genus esse donum Labeo a donando dictum, munus speciem ; nam munus esse donum cum causa, ut puta natalicium, nuptalicium. (D. 50, 16, 194. Fr. Ulp.)

## DOS.

*Dotis* appellatio non refertur ad ea matrimonia, quæ consistere non possunt : neque enim dos sine matrimonio esse potest : ubicunque igitur matrimonii nomen non est, nec dos est. (D. 23, 3, 3. Fr. Ulp.)

DOS ADVENTITIA.

*Adventitia*, id est, ea quæ a quovis alio (quam patre vel parente) data est. (Ulp. Reg. 6, § 3.)

DOS PROFECTITIA.

*Profectitia dos* est, quæ a patre vel parente profecta est de bonis, vel facto ejus. Sive igitur parens dedit dotem, sive procurator ejus, sive jussit alium dare; sive, cum quis dedisset negotium ejus gerens, parens ratum habuerit : profectitia dos est. (D. 23, 3, 5. Fr. Ulp.)

DOS RECEPTITIA.

Si (extraneus) qui dedit, ut sibi redderetur stipulatus fuit : quæ dos specialiter *receptitia* dicitur. (Ulp. Reg. 6, § 5.)

*Extraneum* autem intelligimus omnem, citra parentem per virilem sexum ascendentem, et in potestate dotatam persouam (non) habentem. (C. 5, 13, 1, § 13.)

DOTALE PRÆDIUM, *V. Prædium dotale*

DOTIS CAUSA DATA.

*Dotis* autem *causa data* accipere debemus ea quæ in dotem dantur. (D. 23, 3, 9, § 2. Fr. Ulp.)

### DUM NUPTA ERIT.

Hoc sermone, *dum nupta erit*, primæ nuptiæ significantur. (D. 50, 16, 89, § 1. Fr. Pompon.)

### DE DUOBUS VERBIS NEGATIVIS.

*Duobus negativis verbis* quasi permittit lex magis, quam prohibuit : idque etiam Servius animadvertit. (D. 50, 16, 237. Fr. Gaii.)

### DUPONDII, NOVI JUSTINIANI.

Cujus (primi anni) auditores non volumus vetere tam frivolo quam ridiculo cognomine *Dupondios* (id est : duarum quasi drachmarum studiosi) appellari; sed *Justinianos novos* nuncupari. (Præf. Dig. ad Trib. § 2.)

---

## E

### EDERE.

*Edere* est copiam describendi facere, vel in libello complectendi, et dare, vel dictare. Eum quoque *edere* Labeo ait, qui producat adversarium suum ad album, et demonstret, quod dictaturus est, vel id dicendo, quo uti velit. (D. 2, 13, 1, § 1. Fr. Ulp.)

EDERE RATIONEM.

*Edi* autem *ratio* ita intelligitur, si a capite edatur (nam ratio, ni inspiciatur, intelligi non potest) : scilicet ut non totum cuique codicem rationum, totasque membranas inspiciendi describendique potestas fiat : sed ut ea sola pars rationum, quæ ad instruendum aliquem pertineat, inspiciatur et describatur. (D. 2, 13, 10, § 2. Fr. Gaii.)

EDERE, REDDI.

Inter *edere* et *reddi* rationes multum interest : nec is, qui edere jussus sit, reliquum reddere debet : nam et argentarius edere rationem videtur, etiamsi quod reliquum sit apud eum non solvat. (D. 50, 16, 89, § 2. Fr. Pompon.)

EMANSOR, DESERTOR.

*Emansor* est, qui diu vagatus, ad castra regreditur. *Desertor* est, qui per prolixum tempus vagatus, reducitur. (D. 49, 16, 3, §§ 2 et 3. Fr. Modest.)

EMPTIO.

..... Lex XII Tabularum *emptionis* verbo omnem alienationem complexa. ..... (D. 40, 7, 19, § 1. Fr. Pompon.) *V. Venditio.*

EMPTOR.

*Emptorem* accipere debemus eum, qui pretio emit : sed si quis permutaverit, dicendum est utrumque emptoris et venditoris loco haberi. (D. 21, 1, 19, § 6. Fr. Ulp.)

### EMPTUM, PARATUM.

Inter *emptum* et *paratum* quid interest, quæritur? Et responsum est in empto paratum inesse, in parato non continuo emptum contineri; veluti si quis, quæ prioris uxoris causa emisset, posteriori uxori tradidisset, eas res eum posterioris uxoris causa paravisse non emisse constat. (D. 32 de leg. III, 47, § 1. Fr. Ulp.)

### ENIXA, *V. Ter enixa.*

### ERIPERE, *V. Eximere.*

### ERRO.

*Erronem* ita definit Labeo, pusillum fugitivum esse: et ex diverso, *fugitivum*, magnum erronem esse: sed proprie *erronem* sic definimus, qui non quidem fugit, sed frequenter sine causa vagatur, et temporibus in res nugatorias consumptis, serius domum redit. (D. 21, 1, 17, § 14. Fr. Ulp.) *V. Fugitivus.*

### EST, ERIT.

Verbum *erit* interdum etiam præteritum, nec solum futurum tempus demonstrat: quod est nobis necessarium scire, et cum codicilli ita confirmati testamento fuerint, *quod in codicillis scriptum erit*: utrum ne futuri temporis demonstratio fiat, an etiam præteriti si ante scriptos codicillos quis relinquat : quod quidem ex voluntate scribentis interpretandum est. Quemadmodum autem hoc verbum *est*, non solum præsens, sed et præteritum tempus significat : ita et hoc verbum *erit*, non solum futurum, sed interdum etiam præteritum tempus demonstrat : nam cum dicimus, *Lucius Titius solutus est (ab) obligatione* : et præteritum et præsens significamus : sicut hoc *Lucius Titius alligatus est* : et idem fit cum ita loquimur, *Troja capta est*. Non enim ad præsentis facti demonstrationem refertur is sermo, sed ad præteritum. (D. 50, 16, 123. Fr. Pompon.)

## EXACTA PECUNIA.

Verbum *exactæ pecuniæ*, non solum ad solutionem referendum est : verum etiam ad delegationem. (D. 50, 16, 187. Fr. Ulp.)

## EXCEPTIO, REPLICATIO.

*Exceptio* est conditio quæ modo eximit reum damnatione, modo minuit damnationem. *Replicatio* est contraria exceptio, quasi exceptionis exceptio. (D. 44, 1, 22. Fr. Paul.)

*Exceptio* dicta est quasi quædam exclusio quæ (inter) opponi actioni cujusque rei solet ad cludendum id, quod in intentionem condemnationemve deductum est. *Replicationes* nihil aliud sunt, quam exceptiones, et a parte actoris veniunt. Quæ quidem ideo necessariæ sunt, ut exceptiones excludant :

semper enim replicatio idcirco objicitur, ut exceptionem oppugnet. (D. 44, 1. 2. Fr. Ulp.)

## EXCEPTIONES DILATORIÆ.

*Dilatoriæ* sunt exceptiones quæ ad tempus nocent; veluti illius pacti conventi quod factum est, verbi gratia, ne intra quinquennium peteretur: finito enim eo tempore non habet locum exceptio. (Gaii, C. IV, § 122.)

## EXCEPTIONES PEREMPTORIÆ.

*Peremptoriæ* sunt quæ perpetuo valent, nec evitari possunt: velut quod metus causa, aut dolo malo, aut quod contra legem senatusve consultum factum est, aut quod res judicata est, vel in judicium deducta est; item pacti conventi, quo pactum est ne omnino pecunia peteretur. (Gaii. C. IV, § 121.)

## EXERCITOR.

*Exercitorem* eum dicimus, ad quem obventiones, et reditus omnes perveniunt, sive is dominus navis sit, sive a domino navem per aversionem conduxit, vel ad tempus, vel in perpetuum. (D. 14, 1, 1, § 15. Fr. Ulp.)

## EXERCITORIA ACTIO, *V. Actio exercitoria.*

## EXERCITUS.

*Exercitus* nomen ab exercitatione traxit. (D. 29, 1, 1, § 1. Fr. Ulp.)

*Exercitum* autem, non unam cohortem, neque unam alam dicimus : sed numeros multos militum : nam *exercitui* præesse dicimus eum, qui legionem, vel legiones cum suis auxiliis ab imperatore commissas administrat. (D. 3, 2, 2, § 1. Fr. Ulp.)

EXHIBERE.

*Exhibere*, hoc est, materiæ ipsius adprehendendæ copiam facere. (D. 43, 5, 3, § 8. Fr. Ulp.)

*Exhibere* est facere in publico potestatem, ut ei qui agat experiundi sit copia. (D. 10, 4, 2. Fr. Paul.)

Quantum ad hanc actionem (ad exhibendum) attinet, *exhibere* est, in eadem causa præstare, in qua fuit, cum judicium acciperetur : ut quis copiam rei habens possit exsequi, actione, quam destinavit, in nullo casu, quam intendit, læsa : quamvis non de restituendo, sed de exhibendo agatur. (D. 10, 4, 9, § 5. Fr. Ulp.)

*Exhibere* est in publicum producere, et videndi, tangendique.... facultatem præbere. Proprie autem *exhibere* est, extra secretum habere. (D. 43, 29, 3, § 8. Fr. Ulp.)

EXHIBERE, RESTITUERE.

Apud Labeonem Pithanon ita scriptum est : *exhibet*, qui præstat ejus de quo agitur præsentiam : nam etiam qui sistit, præstat ejus, de quo agitur, præsentiam : nec tamen (cum) exhibet : et qui mutum aut furiosum, aut infantem exhibet, non potest videri ejus præstare præsentiam : nemo enim ex eo genere præsens satis apte appellari potest. *Restituit* non tantum qui solum corpus, sed etiam qui omnem rem conditionemque reddita causa præstet, et tota restitutio juris est interpretatio. (D. 50, 16, 246. Fr. Pompon.) *V. Restituere.*

EXHIBITORIA, *V. Interdicta.*

EXIMERE, ERIPERE.

*Eximendi* verbum generale est, ut Pomponius ait : *eripere* enim est de manibus auferre per raptum : *eximere,* quoquo modo auferre. (D. 2, 7, 4. Fr. Paul.)

EX INCENDIO RAPTUM.

*Ex incendio* quemadmodum accipimus ? Utrum ex ipso igne, an vero ex eo loco, ubi incendium fit ? Et melius sic accipietur, *propter incendium*, hoc est, propter tumultum incendii, vel trepidationem incendii, rapit : quemadmodum solemus dicere *in bello amissum*, quod propter causam belli amittitur. (D. 47, 9, 1, § 2. Ulp.)

EXISTIMATIO.

*Existimatio* est dignitatis illæsæ status, legibus ac moribus comprobatus, qui ex delicto nostro auctoritate legum aut minuitur aut consumitur. (D. 50, 13, 5. § 1. Fr. Callistr.)

EX LEGIBUS.

Verbum *ex legibus*, sic accipiendum est : tam ex legum sententia, quam ex verbis. (D. 50, 16, 6, § 1. Fr. Ulp.)

EXTRANEUS, *V. Dos receptitia.*

---

# F

FABRI TIGNARII.

*Fabros tignarios* dicimus non eos duntaxat, qui tigna dolarent : sed omnes qui ædificarent. (D. 50, 16, 235, § 1. Fr. Gaii.) *V. Tignum.*

FACERE.

Verbum *facere* omnem omnino faciendi causam complectitur, dandi, solvendi, numerandi, judicandi, ambulandi. (D. 50, 16, 218. Fr. Papin.)

*Faciendi* verbo, reddendi etiam causa continetur. (D. 50, 16, 175. Fr. Pompon.)

FACERE OPORTERE.

*Facere oportere*, et hanc significationem habet, ut abstineat quis ab eo facto, quod contra conventionem fieret, et curaret, ne fiat. (D. 50, 16, 189. Fr. Paul.)

## FALSUM.

*Falsum* est quidquid in veritate non est, sed pro vero adseveratur. (Paul. Sent. 25, § 3.)

Quid sit *falsum* quæritur ? Et videtur id esse, si quis alienum chirographum imitetur, aut libellum, vel rationes intercidat vel describat : non qui alias in computatione vel in ratione mentiuntur. (D. 48, 10, 23. Fr. Paul.)

## FALSUS TUTOR.

Paulus respondit, *falsum tutorem* eum vere dici, qui tutor non est', sive habenti tutor datus est, sive non : sicut *falsum testamentum* quod testamentum non est : et *modius iniquus*, qui modius non est. (D. 50, 16, 221. Fr. Paul.)

## FAMILIA.

§ 1. — *Familiæ* appellatio qualiter accipiatur videamus. Et quidem vario accepta est : nam et in res et in personas deducitur.

In res utputa in lege XII Tabularum his verbis, *adgnatus proximus familiam habeto.*

Ad personas autem refertur familiæ significatio ita cum de patrono et liberto loquitur lex : *Ex ea familia,* inquit, *in eam familiam.* Et hic de singularibus personis legem loqui constat.

§ 2. — *Familiæ* appellatio refertur et ad corporis cujusdam significationem, quod aut jure proprio ipsorum, aut communi universæ cognationis continetur.

Jure proprio *familiam* dicimus plures personas, quæ sunt sub unius potestate, aut natura aut jure subjectæ, utputa patremfamilias, matremfamilias, filiumfamilias, filiamfamilias, quique deinceps vicem eorum sequuntur, utputa nepotes et neptes, et deinceps.

*Pater* autem *familias* appellatur qui in domo dominium habet : recteque hoc nomine appellatur, quamvis filium non habeat : non enim solam personam ejus, sed et jus demonstramus. Denique et pupillum patremfamilias appellamus, et cum paterfamilias moritur, quotquot capita ei subjecta fuerunt, singulas familias incipiunt habere : singuli enim patrumfamiliarum nomen subeunt : idemque eveniet et in eo, qui emancipatus est : nam et hic sui juris effectus propriam familiam habet.

Communi jure *familiam* dicimus omnium adgnatorum : nam etsi, patrefamilias mortuo, singuli singulas familias habent ; tamen omnes, qui sub unius potestate fuerunt, recte ejusdem familiæ appellabuntur, qui ex eadem domo et gente proditi sunt.

§ 3. — Servitutium quoque solemus appellare *familias*, ut in Edicto Prætoris ostendimus sub titulo de furtis, ubi Prætor loquitur de familia Publicanorum ; sed ibi non omnes servi, sed corpus quoddam servorum demonstratur, hujus rei causa paratum, hoc est, vectigalis causa : alia autem parte Edicti omnes servi continentur ; ut de hominibus coactis, et vi bonorum raptorum : item redhibitoria, si deterior res reddatur emptoris opera, aut familiæ ejus, et Interdicto, unde vi, familiæ appellatio omnes servos comprehendit : sed et filii continentur.

§ 4. — Item appellatur *familia* plurium personarum, quæ ab ejusdem ultimi genitoris sanguine proficiscuntur : sicuti dicimus familiam Juliam, quasi a fonte quodam memoriæ.

§ 5. — Mulier autem familiæ suæ et caput et finis est. (D. 50, 16, 195. Fr. Ulp.)

*Familiæ* appellatione et ipse princeps familiæ continetur.

Fœminarum liberos in familia earum non esse palam est, quia qui nascuntur patris, non matris familiam sequuntur. (D. 50, 16, 196. Fr. Gaii.)

*Familiæ* autem appellatio servos continet. (D. 43, 16, 1, § 18. Fr. Ulp.)

Unicus servus *familiæ* appellatione non continetur (1). Ne duo quidem familiam faciunt (2). (D. 50. 16, 40, § 3. Fr. Ulp.)

---

(1) In interdicto *unde vi* etiam unus servus familiam facit. (D. 43, 16, 1, § 17.)

(2) Familiæ nomine etiam duo servi continentur. (Paul. S. 5, 6, § 3.)

*Familiæ* appellatione et eos, quos loco servorum habemus, contineri oportere dicendum est. (D. 43, 16, 1, § 18. — D. 21, 25, § 2. Fr. Ulp.)

.... Decernimus, *familiæ* nomen talem habere vigorem, parentes et liberos, omnesque propinquos, et substantiam : libertos etiam et patronos, nec non servos per hanc appellationem significari : et si quis per suum elogium fideicommissum *familiæ suæ* reliquerit, nulla speciali adjectione super quibusdam certis personis facta : non solum propinquos, sed etiam his deficientibus, generum et nurum.

In aliis autem casibus nomen *familiæ* pro substantia oportet intelligi : quia et servi et aliæ res in patrimonio uniuscujusque esse putantur. (C. 6, 38, 5.)

FAMILIA URBANA VEL RUSTICA.

*Urbana* familia, et *rustica*, non loco, sed genere distinguitur : potest enim aliquis dispensator non esse servorum urbanorum numero, veluti is, qui rusticarum rerum rationes dispenset, ibique habitet, non multum abest a villico : insularius autem urbanorum numero est : videndum tamen est, ipse dominus quorum loco quemque habuerit : quod ex numero familiæ, et vicariis apparebit. (D. 50, 16, 166. Fr. Pompon.)

FEMININUS SEXUS, *V. Sexus.*

FERRI, PORTARI, AGI.

*Ferri* proprie dicimus, quæ quis suo corpore bajulat : *portari* ea, quæ quis jumento secum ducit : *agi* ea, quæ animalia sunt. (D. 50, 16, 235. Fr. Gaii.)

### FIDEICOMMISSUM.

*Fideicommissum* est, quod non civilibus verbis, sed precative relinquitur ; nec ex rigore juris civilis, proficiscitur, sed ex voluntate datur relinquentis. Verba fideicommissorum in usu fere hæc sunt : FIDEICOMMITTO, *peto*, *volo dari*, et similia. (Ulp. Reg. 25, §§ 1 et 2.)

### FIDEJUSSOR.

..... Aut proprio nomine quisque obligatur, aut alieno : qui autem alieno nomine obligatur, *fidejussor* vocatur. (D. 44, 7, 1, § 8. Fr. Gaii.)

Pro eo qui promittit, solent alii, obligari, qui *fidejussores* appellantur. (I. 3, 21, pr.)

### FILIA POSTHUMA.

Nomen filiarum et in *posthumam* cadere, quæstionis non est : quamvis posthumæ non cadere in eam, quæ jam in rebus humanis sit, certum sit. (D. 50, 16, 164. Fr. Ulp.)

### FILII, V. *Liberi*.

### FILIO, FILIIS.

Servius ait : si ita scriptum sit, *filio*, *filiisque meis hosce tutores do* : masculis duntaxat tutores datos : quoniam singulari casu hoc, *filio*, ad pluralem videtur transisse, continentem eundem sexum, quem singularis prior positus habuisset : sed hoc facti, non juris habet quæstionem : potest enim fieri, ut singulari casu de filio senserit, deinde plenius omnibus liberis prospexisse in tutore dando voluerit, quod magis rationabile esse videtur. (D. 50, 16, 122. Fr. Pompon.)

FILIUM HABERE, *V. Habere filium.*

FILIUS.

*Filium* eum definimus, qui ex viro et uxore ejus nascitur. (D. 1, 6, 6. Fr. Ulp.)

*Filii* appellatione omnes liberos intelligimus. (D. 50, 16, 84. Fr. Javol.)

FILIUS, PATER.

Justa interpretatione recipiendum est, ut appellatione *filii*, sicuti filiamfamilias contineri sæpe respondebimus, ita et nepos videatur comprehendi. Et *patris* nomine avus quoque demonstrari intelligatur. (D. 50, 16. 201. Fr. Julian.)

FINITA, *V. Transacta.*

FLUMEN.

*Flumen* a rivo magnitudine discernendum est, aut existimatione circumcolentium. (D. 43, 12, 1, § 1. Fr. Ulp.)

### FLUMEN PERENNE, TORRENS.

Fluminum quædam sunt *perennia*, quædam *torrentia*. *Perenne* est, quod semper fluat. *Torrens*, id est, hyeme fluens. (D. 43, 12, 1, § 2. Fr. Ulp.)

### FLUMEN PUBLICUM.

*Publicum flumen* esse Cassius definit, quod perenne fit. Hæc sententia Cassii quam Celsus probat, videtur esse probabilis. (D. 43, 12, 1, § 3. Fr. Ulp.)

### FORMULA PETITORIA.

*Petitoria formula* hæc est qua actor intendit rem suam esse. (Gaii C. IV, § 92.)

### FOSSA.

*Fossa* est receptaculum aquæ, manu facta. (D. 43, 14, 1, § 5. Fr. Ulp.) *V. Lacus*, *Stagnum*.

### FRAUS, PŒNA, MULTA.

Aliud *fraus* est, aliud *pœna*. Fraus enim sine pœna esse potest : pœna sine fraude esse non potest. Pœna est noxæ vindicta : fraus et ipsa noxa dicitur, et quasi pœnæ quædam præparatio.

§ 1. — Inter *multam* autem et *pœnam*, multum interest : cum pœna generale sit nomen, omnium delictorum coercitio, multa specialis peccati, cujus animadversio hodie pecuniaria est : pœna autem non tantum pecuniaria, verum capitis existimationis irrogari solet : et multa quidem ex arbitrio ejus venit, qui multam dicit; pœna non irrogatur, nisi quæ quoque lege, vel quo alio jure specialiter huic delicto imposita est: quinimo multa ibi dicitur, ubi specialis pœna non est imposita. Item multam is dicere potest, cui judicatio data est. Magistratus solos et Præsides provinciarum posse multam dicere mandatis permissum est : pœnam autem unusquisque irrogare potest, cui hujus criminis sive delicti executio competit. (D. 50, 16, 131. Fr. Ulp.)

## FRUCTUS.

*Fructus* intelliguntur deductis impensis, quæ quærendorum, cogendorum, conservandorumque eorum gratia fiunt. (D. 5, 3, 36, § 5. Fr. Paul.)

## FRUGES, FRUMENTUM.

*Frugem* pro reditu appellari, non solum (quod) frumentis aut leguminibus : verum et (quod) ex vino, silvis cæduis, cretifodinis, lapidicinis capitur. Julianus scribit fruges omnes esse quibus homo vescatur, falsum esse : non enim carnem, aut aves ferasve, aut poma fruges dici. *Frumentum* autem id esse, quod arista se teneat, recte Gallum definisse : lupinum vero et fabam fruges potius dici : quia non arista, sed siliqua continentur : quæ Servius apud Alfenum in frumento contineri putat. (D. 50, 16, 77. Fr. Paul.)

FUGITIVUS.

Quis sit *fugitivus* definit Ofilius : *Fugitivus* est qui extra domini domum fugæ causa, quo se a domino celaret, mansit. § 1. Cælius autem *fugitivum* esse ait eum qui ea mente discedat, ne ad dominum redeat : tametsi, mutato consilio, ad eum revertatur. nemo enim tali peccato (inquit) pœnitentia sua nocens esse desinit. § 2. Cassius quoque scribit, *fugitivum* esse, qui certo proposito dominum relinquat. (D. 21, 1, 17. Fr. Ulp.)

FUGITIVUS, ERRO.

*Fugitivus* est, non is, qui solum consilium fugiendi a domino suscepit, licet id se facturum jactaverit : sed qui ipso facto fugæ initium mente deduxerit : nam et furem, adulterum, aleatorem, quanquam aliqua significatione ex animi propositione cujusque sola quis dicere posset : ut etiam is, qui nunquam alienam rem invito domino subtraxerit, nunquam alienam matremfamilias corruperit, si modo ejus mentis sit, ut occasione data id commissurus sit : tamen oportere eadem hæc crimina assumpto actu intelligi : et ideo fugitivum quoque, et erronem non secundum propositionem solam, sed cum aliquo actu intelligi constat. (D. 50, 16, 225. Fr. Tryphon.)

FUNDUS, LOCUS.

*Fundi* appellatione omne ædificium et omnis

ager continetur : sed in usu urbana ædificia, ædes rustica, villæ dicuntur. *Locus* vero sine ædificio, in urbe, area; rure autem ager appellatur : idemque ager cum ædificio fundus dicitur. (D. 50, 16, 211. Fr. Florent.)

*Fundi* nihil est, nisi quod terra se tenet. (D. 19, 1, 17. Fr. Ulp.)

## FUNDUS, AGER, POSSESSIO, PRÆDIUM.

Questio est, fundus a possessione, vel agro, vel prædio quid distet?

*Fundus* est omne quidquid solo tenetur.

*Ager* est (si) species fundi ad usum hominis comparatur.

*Possessio* ab agro juris proprietate distat : quidquid enim adprehendimus, cujus proprietas ad nos non pertinet, aut nec potest pertinere, hoc possessionem appellamus. Possessio ergo usus, ager proprietas loci est.

*Prædium* utriusque suprascriptæ generale nomen est : nam et ager et possessio hujus appellationis species sunt. (D. 50, 16, 115. Fr. Javol.)

## FUNERIS SUMPTUS.

*Funeris sumptus* accipitur, quidquid corporis causa, veluti unguentorum, erogatum est : et pretium loci, in quo defunctus humatus est : et si qua vectigalia sunt, vel sarcophagi et vectura : et quidquid corporis causa, antequam sepeliatur, consumptum est, funeris impensam esse existimo. (D. 11, 7, 37. Fr. Macer.)

## FUR.

*Fur* est, qui dolo malo rem alienam contrectat. Furtorum genera sunt quatuor : manifesti, nec manifesti, concepti et oblati.

*Manifestus fur* est, qui in faciendo deprehensus est, et qui intra terminos ejus loci unde quid sustulerat deprehensus est, vel antequam ad eum locum quo destinaverat perveniret.

*Nec manifestus fur* est, qui in faciendo quidem deprehensus non est. Sed eum furtum fecisse negari non potest.

*Concepti* actione is tenetur, apud quem furtum quæsitum et inventum est.

*Oblati* actione is tenetur qui rem furtivam alii obtulit, ne apud se inveniretur. (Paul. Sent. 2, 31, §§ 1, 2 et 3.)

## FUREM NON ESSE, FURTUM NOXAQUE SOLUTUM ESSE.

Aliud est promittere *furem non esse*, aliud *furto noxaque solutum* : qui enim dicit, furem non esse, de hominis proposito loquitur : qui furtis noxaque solutum, nemini esse furti obligatum, promittit. (D. 50, 16, 174. Fr. Ulp.)

## FURTUM.

*Furtum* a *furvo*, id est, nigro, dictum Labeo ait,

quod clam et obscuro fiat, et plerumque nocte : vel a fraude, ut Sabinus ait : vel a ferendo, et auferendo : vel a Græco sermone, qui φῶρας appellant fures : imo et Græci Ἀπὸ τοῦ φέρειν, id est, a ferendo, φωρας dixerunt.

*Furtum* est contrectatio rei fraudulosa, lucri faciendi gratia, vel ipsius rei, vel etiam usus ejus, possessionisve : quod lege naturali prohibitum est admittere. (D. 47, 2, 1, pr. et § 3. Fr. Paul.)

### FURTUM OPE, CONSILIO FACTUM.

*Ope, consilio* furtum factum Celsus ait, non solum si idcirco fuerit factum, ut socii furarentur : sed etsi non ut socii furarentur, inimicitiarum tamen causa fecerit.

*Consilium* autem dare videtur, qui persuadet et impellit atque instruit consilio ad furtum faciendum.

*Opem* fert, qui ministerium, atque adjutorium ad subripiendas res præbet. (D. 47, 2, 50, §§ 1 et 3. Fr. Ulp.)

---

## G

### GEMMÆ, LAPILLI, MARGARITÆ.

*Gemmæ* sunt pellucidæ materiæ, velut smaragdi, chrysolythi, amethysti :

*Lapilli* autem, contrariæ superioribus naturæ. (D. 34, 2, 19, § 17. Fr. Ulp.)

*Margaritas* autem, nec gemmis, nec lapillis contineri.... Sabinus ait. *(Ib.,* § 19.)

GENER.

*Generi* appellatione et neptis et proneptis, tam ex filio quam ex filia editarum, cæterarumque maritos contineri, manifestum est. (D. 50, 16, 136. Fr. Ulp.)

GERERE, *V. Agere*

GESSISSE.

*Gessisse* autem videtur tutor, qui quid omnino pupillare attigit, etiamsi modicum : cessantque partes eorum, qui solent cessantes cogere administrare. (D. 26, 7, 5, § 1. Fr. Ulp.)

GESTA, *V. Acta.*

GESTUM, *V. Agere, Actum.*

GLANS.

*Glandis* appellatione omne fructus continetur, ut Javolenus ait, exemplo Græci sermonis, apud quos omnes arborum species ακρόδρυα (id est *extremitates arborum)* appellantur. (D. 50, 16, 236, § 1. Fr. Gaii. — D. 43, 28, 1, § 1. Fr. Ulp.)

GLANS CADUCA.

*Glans caduca* est, quæ ex arbore cecidit. (D. 50, 16, 30, § 4. Fr. Gaii.)

### GLOS.

Viri soror *glos* dicitur; apud Græcos, galos. (D. 38, 10, 4, § 6. Fr. Modest.)

### GRADUS.

*Gradus* autem dicti sunt a similitudine scalarum, locorumve proclivium, quos ita ingredimur, ut a proximo in proximum, id est, in eum qui quasi ex eo nascitur, transeamus. (D. 38, 10, 10, § 10. Fr. Paul.)

---

## H

### HABERE.

*Habere* dupliciter accipitur, nam et eum habere dicimus, qui rei dominus est : et eum, qui dominus quidem non est, sed tenet : denique habere rem apud nos depositam solemus dicere. (D. 45, 1, 38, § 9. Fr. Ulp.)

*Habere* duobus modus dicitur, altero jure dominii, altero, obtinere sine interpellatione id, quod quis emerit. (D. 50, 16, 188. Fr. Paul.)

Id apud se quis *habere* videtur, de quo habet actionem : habetur enim, quod peti potest. (D. 50, 16, 143. Fr. Ulp.)

### HABERE, PERVENIRE.

*Habere* sicut *pervenire* cum effectu accipiendum. (D. 50, 16, 164. Fr. Ulp.)

### HABERE FILIUM.

Etiam ea mulier cum moreretur, creditur filium habere, quæ exciso utero edere possit : necnon etiam alio casu mulier potest habere filium, quem mortis tempore non habuit : ut puta eum, qui ab hostibus remeavit. (D. 50, 16, 141. Fr. Ulp.)

### HABERE IN BONIS.

Rem *in bonis* nostris *habere* intelligimur : quotiens possidentes, exceptionem; aut amittentes, ad reciperandam eam, actionem habemus. (D. 41, 1, 52. Fr. Modest.)

### HABERE PRECARIO.

*Habere precario* videtur, qui possessionem vel corporis vel juris adéptus est, ex hac solummodo causa, quod preces adhibuit, et impetravit, ut sibi possidere aut uti liceat. (D. 43, 26, 2, § 3. Fr. Ulp.)

### HABITARE.

*Habitare* autem dicimus, vel in suo, vel in conducto, vel gratuito. (D. 9, 3, 1, § 9. Fr. Ulp.)

### HEREDITAS.

Nihil aliud est *hereditas* quam successio in universum jus, quod defunctus habuit. ( D. 50, 16, 24. Fr. Gaii. — D. 50, 17, 62. Fr. Julian. )

*Hereditatis* appellatione bonorum quoque possessio continetur. ( D. 50, 16, 138. Fr. Paul. )

*Hereditas* juris nomen est, quod et accessionem et decessionem in se recipit : hereditas autem vel maximo fructibus augetur. ( D. 50, 16, 178. Fr. Ulp. )

*Hereditas* etiam sine ullo corpore, juris intellectum habet. ( D. 5, 3, 50. Fr. Papinian. ) *V. Delata hereditas.*

Ejus qui apud hostes decessit, dici *hereditas* non potest, quia servus decessit. (D. 50, 16, 3. Fr.Ulp.)

### HEREDES SUI.

*Suos heredes* accipere debemus, filios, filias, sive naturales, sive adoptivos. (D. 38, 16, 1, § 2. Fr. Ulp. )

### HEREDES SUI ET NECESSARII.

*Sui* autem et *necessarii* heredes sunt velut filius filiave, nepos neptisve ex filio, deinceps cæteri qui modo in potestate morientis fuerunt ; sed uti nepos neptisve suus heres sit, non sufficit eum in potestate avi mortis tempore fuisse , sed opus est ut pater quoque ejus, vivo patre suo, desierit suus heres esse, aut morte interceptus aut qualibet ratione liberatus potestate : tum enim nepos neptisve in locum sui patris succedunt.

Sed *sui* quidem heredes ideo appellantur, quia domestici heredes sunt, et vivo quoque parente quodammodo domini existimantur : unde etiam si quis intestatus mortuus sit, prima causa est in successione liberorum. *Necessarii* vero ideò dicuntur, quia omnimodo, velint nolintve, tam ab intestato quam ex testamento heredes fiunt. (Gaii C. 2, §§ 156 et 157.)

HEREDES EXTRANEI.

Cæteri qui testatoris juri subjecti non sunt, *extranei heredes* appellantur : itaque liberi quoque nostri qui in potestate nostra non sunt, heredes à nobis instituti, sicut extranei videntur ; qua de causa et qui a matre heredes instituuntur, eodem numero sunt, quia feminæ liberos in potestate non habent. Servi quoque, qui (cum) liberi et heredes instituti sunt et postea a domino manumissi, eodem numero habentur. (Gaii C. 2, § 161.)

HERES.

*Heredis* appellatio non solum ad proximum heredem, sed et ad ulteriores refertur : nam et heredis heres, et deinceps, heredis appellatione continetur. (D. 50, 16, 65. Fr. Ulp.)

*Heredis* appellatione omnes significari successores credendum est, etsi verbis non sint expressi. (D. 50, 16, 170. Fr. Ulp.)

HERES.

Ex illa parte edicti, *eum, quem ei heredem esse oportet*, heredis heredibus bonorum possessio non defertur. Item in substitutione his verbis, *quisquis mihi heres erit*, proximus heres tantum significatur, imo non tantum proximus heres, sed etiam scriptus. ( D. 50, 16, 227. Fr. Paul. )

### HERES HEREDIS.

Sciendum est, heredem etiam per multas successiones accipi : ( in ) nam paucis speciebus *heredis* appellatio proximum continet : veluti in substitutione impuberis, *quisquis mihi heres erit*, *idem filio heres esto* : ubi heredis heres non continetur, quia incertus est. ( D. 50, 16, 70. Fr. Paul. )

### HERES INSTITUTUS, SUBSTITUTUS.

Heredes aut *instituti* dicuntur aut *substituti*. Instituti, qui primo gradu scripti sunt; substituti, qui secundo gradu vel sequentibus heredes scripti sunt, velut : *Titius heres esto*, *cernitoque in diebus proximis centum quibus scies poterisque ; nisi ita creveris*, *exheres esto*, *tunc Mœvius heres esto*, *cernitoque in diebus*, et reliqua. Similiter et deinceps substitui potest. ( Ulp. Reg. 22, 33. )

### HERES NECESSARIUS.

*Necessarius* heres est servus cum libertate heres institutus, ideo sic appellatus, quia sive velit, sive nolit, omnimodo post mortem testatoris protinus liber et heres est. ( Gaii C. 2, § 153. )

HERUS.

*Hero,* hoc est domino. (D. 9, 2, 11, § 6. Fr. Ulp.)

HIS REBUS RECTE PRÆSTARI.

Hæc verba, *his rebus recte præstari*, hoc significant, ne quod periculum, vel damnum ex ea re stipulator sentiret. (D. 50, 16, 71, § 1. Fr. Ulp.)

HOMICIDA.

*Homicida* est qui aliquo genere teli hominem occidit, mortisve causam præstitit. (Paul. Sent. 23, § 2.)

HOMO.

*Hominis* appellatione tam feminam, quam masculum contineri non dubitatur. (D. 50, 16, 152. Fr. Gaii.)

HOMO, PERSONA.

Jure veteri discrimen erat inter hominem et personam. *Homo* dicitur, cuicumque contingit in corpore humano mens humana. Et sic sola monstra negantur esse homines. *V. Ostentum.*

Ast *persona* est homo, statu quodam veluti indutus.

*Status* vel *naturalis* est, vel *civilis*. Quoad naturalem servus persona dicebatur : V. G. *in personam servilem*. (D. 50, 17, 22. Fr. Ulp.) *In persona servi*. (D. 50, 16, 215.) *In servorum persona ita...* (D. 48, 19, 10. Fr. Mac.) *Serviles* et liberæ *per-*

*sonæ*. (Gaii C. 1, § 120.) Non quoad civilem. Quum enim nec libertatis, nec civitatis, nec familiæ particeps erat servus. (Heinec. ad Vinn. Inst. 1, 3, pr.)

### HONOR MUNICIPALIS.

*Honor municipalis* est administratio Reipublicæ cum dignitatis gradu, sive cum sumptu, sive sine erogatione contingens. (D. 50, 4, 14. Fr. Callist.)

### HOSTES.

*Hostes* hi sunt, qui nobis, aut quibus nos publice bellum decrevimus : cæteri latrones aut prædones sunt. (D. 50, 16, 118. Fr. Pompon.)

### HOSTES, PERDUELLES.

Quos nos *hostes* appellamus, eos veteres *perduelles* appellabant, per eam adjectionem indicantes, cum quibus bellum esset. (D. 50, 16, 234. Fr. Gaii.)

### HOSTES, LATRUNCULI, PRÆDONES.

*Hostes* sunt quibus bellum publice Populus Romanus decrevit, vel ipsi Populo Romano : cæteri *latrunculi* vel *prædones* appellantur. (D. 49, 15, 24. Fr. Ulp.)

### HYPOTHECA, *V. Pignus.*

# I

### ILLATIO.

De ea autem *illatione* Prætor sensit (in edicto de religiosis et sumptibus funerum) quæ sepulturæ causa fit. (D. 11, 7, 2, § 3. Fr. Ulp.)

### IMMISSUM, *V. Projectum.*

### IMMUNITAS, *V. Munus.*

### IMPENSÆ.

Ofilius *impensæ* verbo negat pretium significari : sed eos duntaxat sumptus, quos in eum posteaquam emptus esset (fundus), fecit. (D. 35, 1, 40, § 1. Fr. Javol.)

### IMPENSÆ NECESSARIÆ.

*Impensæ necessariæ* sunt, quæ si factæ non sint, res aut peritura, aut deterior futura sit. (D. 50, 16, 79. Fr. Paul.)

### IMPENSÆ UTILES.

*Utiles impensas* esse Fulcinius ait, quæ meliorem dotem faciant, (non) deteriorem esse non sinant. Ex quibus reditus mulieri adquiratur : sicuti arbusti, pastinationes ultra quam necesse fuerat. Item doctrinam puerorum, quorum nomine onerari mulierem ignorantem vel invitam non oportet : ne cogatur fundo, aut mancipiis carere. In his impensis et pistrinum et horreum insulæ dotali adjectum, plerumque dicemus. *(Ib.* § 1.)

IMPENSÆ VOLUPTUARIÆ.

*Voluptuariæ* sunt, quæ speciem duntaxat ornant, non etiam fructum augent, ut sunt viridia et aquæ salientes, incrustationes, loricationes, picturæ. *(Ib.*, § 2.) *V.* D. 25, 1, 1, 5 et 7. Fr. Ulp.

IMPERITIA.

*Imperitia* culpæ adnumeratur : veluti si medicus servum tuum occiderit, quia male eum secuerit, aut perperam ei medicamentum dederit. (I. 4, 3, § 7.)

IMPERIUM, *V. Potestas.*

IN BELLO AMISSUM, *V. Ex incendio raptum.*

INCESTUM.

Jure gentium *incestum* committit qui ex gradu ascendentium vel descendentium uxorem duxerit. (D. 23, 2, 68. Fr. Paul.)

INCILE, *V. Septa.*

INCOLA.

*Incola* est qui aliqua regione domicilium suum contulit : quem Græci πάροικον (id est *juxta habitantem)* appellant. Nec tantum hi, qui in oppido morantur, incolæ sunt ; sed etiam, qui alicujus oppidi finibus ita agrum habent, ut in eum se, quasi in aliquam sedem, recipiant. (D. 50, 16, 239, § 2. Fr. Pompon.) *V. Civis.*

INDEBITUM.

*Indebitum* est non tantum, quod omnino non debetur, sed et quod alii debetur, si alii solvatur : aut si id, quod alius debebat, alius, quasi ipse debeat, solvat. (D. 12, 6, 65, § 9. Fr. Paul.)

INDEBITUM SOLUTUM.

*Indebitum* autem *solutum* accipimus, non solum si omnino non debeatur, sed et si per aliquam exceptionem perpetuam peti non poterat : quare hoc quoque repeti poterit : nisi sciens se tutum exceptione, solvit. (D. 12, 6, 26, § 3. Fr. Ulp.)

INDICASSE.

*Indicasse* est detulisse, arguisse, accusasse et convicisse. (D. 50, 16, 197. Fr. Ulp.)

IN DIEBUS, *V. Cum, Postquam.*

INDUCIÆ, *V. Postliminium*

IN EADEM CAUSA SISTERE.

*In eadem causa sistere*, hoc est, ita sistere, ut actori persecutio loco deteriori non sit : quamvis exactio rei possit esse difficilior. (D. 2, 11, 11. Fr. Ulp.)

INFANS.

Qui *fari* non potest... (D. 26, 7, 1, § 2. Fr. Ulp.)

*Infanti* (id est minori septem annis). (C. 6, 30, 18.)

### INGENUI.

*Ingenui* sunt qui ex matre libera nati sunt. (D. 1, 5, 5, § 2. Fr. Marc.)

*Ingenuum* accipere debemus etiam eum, de quo sententia lata est, quamvis fuerit libertinus, quia res judicata pro veritate accipitur. (D. 1, 5, 25. Fr. Ulp.)

### INGRATUS LIBERTUS.

*Ingratus* libertus est, qui patrono obsequium non præstat, vel res ejus, filiorumve tutelam administrare detrectat. (D. 37, 14, 19. Fr. Paul.)

### IN JURE.

Quod ait Prætor : *qui in jure interrogatus responderit* : sic accipiendum est, apud magistratus populi Romani, vel Præsides provinciarum, vel alios judices : *jus* enim eum solum locum esse, ubi juris dicendi vel judicandi gratia consistat; vel si domi vel itinere hoc agat. (D. 11, 1, 4, § 1. Fr. Ulp.)

### INJURIA.

*Injuria* ex eo dicta est, quod non jure fiat : omne enim quod non jure fit, injuria fieri dicitur. Hoc generaliter. Specialiter autem injuria dicitur *contumelia*. Interdum injuriæ appellatione damnum culpa datum significatur : ut in lege Aquilia dicere solemus. Interdum *iniquitatem*, injuriam dicemus. Nam cum (quis) inique vel injuste sententiam dixit, injuriam ex eo dictam, quod jure et justitia caret, quasi *non juriam* : contumeliam autem, a *contemnendo*. (D. 47, 10, 1. Fr. Ulp.)

INJURIA OCCIDERE.

*Injuria* autem *occidere* intelligitur, qui nullo jure occidit. (I. 4, 3, § 2.)

IN JUS VOCARE.

*In jus vocare*, est juris experiundi causa vocare. (D. 2, 4, 1. Fr. Paul.)

IN REM VERSUM, *V. Peculio (de) actio.*

IN SERVITUTEM PETERE.

*In servitutem petiisse* non is videtur, qui ei, qui in possessione erat servitutis, petenti se in libertatem, contradixit, verum is, qui ex libertate petit in servitutem.

*Petiisse in servitutem* non videtur qui ante litem contestatam destitit. (D. 38, 2, 16, pr., et § 3. Fr. Ulp.)

INSTITOR.

*Institor* est, qui tabernæ, locove, ad emendum, vendendumve præponitur, quique sine loco ad eundem actum præponitur. (D. 14, 3, 18. Fr. Paul.)

*Institor* appellatus est ex eo, quod negotio gerendo *instet* : nec multum facit tabernæ sit præpositus, an cuilibet alii negotiationi. (*Ib.*, 3. Fr. Ulp.)

INSTITORIA ACTIO.

*Institoria* tunc habet locum, cum quis tabernæ forte, aut cuilibet negotiationi servum suum præposuerit, et quid cum eo ejus rei causa, qui præpositus erit, contractum fuerit. Ideo autem *institoria* appellatur, quia qui negotiationibus præponuntur, *institores* vocantur. (I. 4, 7, § 2.)

INSTRUCTA TABERNA, *V. Taberna.*

INSTRUMENTA.

*Instrumentorum* appellatione quæ compræhendantur, perquam difficile erit separare : quæ enim proprie sint instrumenta, propter quæ dilatio danda sit, inde dignoscemus, si in præsentiam personæ, quæ instruere possit, dilatio petatur : puta qui actum gessit, licet in servitute, vel qui actor fuit constitutus, putem videri instrumentorum causa peti dilationem. (D. 50, 16, 99. Fr. Ulp.)

*Instrumentorum* nomine ea omnia accipienda sunt, quibus causa instrui potest : et ideo tam testimonia, quam personæ instrumentorum loco habentur. (D. 22, 4, 1. Fr. Paul.)

INTEGRA, *V. Terra integra.*

INTEGRI RESTITUTIO.

*Integri restitutio* est redintegrandæ rei vel causæ actio. (Paul. Sent. 1, 7, § 1.)

## INTENTIO.

*Intentio* est ea pars formulæ qua actor desiderium suum concludit, velut hæc pars formulæ est : *Si paret Numerium Negidium Aulo Agerio sestertium X millia dare oportere....* (Gaii C. IV, § 41.)

## INTERDICTA.

Certis ex causis Prætor aut Proconsul principaliter auctoritatem suam finiendis controversiis proponit, quod tum maxime facit cum de possessione aut quasi possessione inter aliquos contenditur. Et in summa aut jubet aliquid fieri aut fieri prohibet : formulæ autem verborum et conceptiones quibus in ea re utitur, *interdicta decretave* vocantur.

Vocantur autem *decreta* cum fieri aliquid jubet, velut, cum præcipit ut aliquid exhibeatur aut restituatur ; *Interdicta* vero, cum prohibet fieri, velut cum præcipit ne sine vitio possidenti vis fiat, neve in loco sacro aliquid fiat : unde omnia interdicta aut *restitutoria* aut *exhibitoria* aut *prohibitoria* vocantur. (Gaii C. IV, §§ 139 et 140.)

Sunt tamen qui putent proprie *interdicta* ea vocari quæ prohibitoria sunt, quia interdicere sit denunciare et prohibere : restitutoria autem et exhibitoria proprie *decreta* vocari. Sed tamen obtinuit omnia interdicta appellari : quia *inter duos dicuntur*. (I. 4, 15, § 1.)

INTERDICTA NOXALIA.

*Interdicta noxalia* ea sunt quæ ob delictum eorum, quos in potestate habemus, dantur : veluti cum vi dejecerunt, aut vi, aut clam opus fecerunt. (D. 43, 2, 5. Fr. Paul.)

INTERROGATUS.

*Interrogatum*, non solum a Prætore accipere debemus, sed et ab adversario. (D. 11, 1, 9, § 1, Fr. Ulp.)

Si sine interrogatione quis responderit..... pro *interrogato* habetur. (D. *ib.* 9.)

INTESTATUS.

*Intestatus* est, non tantum qui testamentum non fecit, sed etiam cujus ex testamento hereditas adita non est. (D. 50, 16, 64. Fr. Paul.)

*Intestati* proprie appellantur, qui cum possent testamentum facere, testati non sunt. Sed et is, qui testamentum fecit, si ejus hereditas adita non est, vel ruptum, vel irritum est testamentum, intestatus non improprie dicitur decessisse. (D. 38, 16, 1. Fr. Ulp.)

INTRA DIEM.

Si quis sic dixerit, ut *intra diem* mortis ejus aliquid fiat : ipse quoque dies, quo quis mortuus est, numeratur. (D. 50, 16, 133. Fr. Ulp.)

### INVITUS.

*Invitum* accipere debemus non eum tantum qui contradicit, verum eum quoque qui consensisse non probatur. (D. 3, 3, 8, § 1. Fr. Ulp. — D. 8, 2, 5. Fr. Ulp.)

### IS AD QUEM EA RES PERTINET.

Verba hæc : *Is ad quem ea res pertinet*, sic intelliguntur, ut qui in universum dominium vel jure civili, vel jure Prætorio succedit contineatur. (D. 50, 16, 70. Fr. Paul.)

### ITER.

*Iter* est jus eundi, ambulandi homini, non etiam jumentum agendi. (D. 8, 3, 1. Fr. Ulp.) *V. Actus*, *Via*.

### ITER, ACTUS.

Inter *actum* et *iter*, nonnulla est differentia : *Iter* est enim qua quis pedes vel eques commeare potest. *Actus* vero, ubi et armenta trajicere, et vehiculum ducere liceat. (D. *ib.* 12. Fr. Modest.)

### ITERUM.

Hæc vox, *iterum*, duas res significat : alteram, qua demonstraretur tempus secundum, quod Græci δεύτερον dicunt : alteram, quæ ad insequentia quoque te pora pertinet, quæ Græce dicitur πάλιν. Qu[illegible]lia accipitur, quotiens opus erit : nam potest fieri, ut bis editam sibi rationem quis perdiderit, ut verbum *iterum* pro *sæpius* accipiatur. (D. 2, 15, 7, § 1. Fr. Paul.)

---

# J

## JANITRIX.

Duorum fratrum uxores *janitrices* dicuntur. (D. 38, 10, 4, § 6. Fr. Modest.)

## JUDICIA CAPITALIA.

*Capitalia* sunt, ex quibus pœna mors, aut exilium est, hoc est aquæ et ignis interdictio; per has enim pœnas eximitur *caput* de civitate : nam cætera non exilia, sed relegationes proprie dicuntur; tunc enim civitas retinetur.

*Non capitalia* sunt, ex quibus pecuniaria, aut in corpus aliqua coercitio, pœna est. (D. 48, 1, 2. Fr. Paul.) *V. Capitalis.*

## JUDICIA LEGITIMA.

*Legitima* sunt *judicia* quæ in urbe Roma vel intra primum urbis Romæ milliarium, inter omnes cives Romanos, sub uno judice accipiuntur; eaque lege Julia judiciaria, nisi in anno et sex mensibus judicata fuerint, expirant : et hoc est quod vulgo dicitur, e lege Julia litem anno et sex mensibus mori. (Gaii C. IV, § 104.)

JUDICIA QUÆ IMPERIO CONTINENTUR.

*Imperio* vero *continentur* recuperatoria, et quæ sub uno judice accipiantur, interveniente peregrini persona judicis aut litigatoris. In eadem causa sunt quæcumque extra primum urbis Romæ milliarium, tam inter civem Romanum quam inter peregrinos accipiuntur : ideo autem *imperio* contineri judicia dicuntur, quia tamdiu valent, quamdiu is qui ea præcepit, imperium habebit. (Gaii C. IV, § 105.)

JUDICIA PUBLICA.

*Publica* dicta sunt quod cuivis ex populo executio eorum plerumque datur. (I. 4, 18. pr.)

Publica sunt ..... Julia majestatis, Julia de adulteriis, Cornelia de sicariis et veneficiis, Pompeia parricidii, Julia peculatus, Cornelia de testamentis, Julia de vi privata, Julia ambitus, Julia repetundarum, Julia de annona. (D. 48, 1, 1. Fr. Macer.)

Publicorum judiciorum quædam capitalia sunt, quædam non capitalia. *V. judicia capitalia.*

JUMENTUM, PECUS.

*Jumentorum* autem appellatione an omne pecus contineatur, videamus? Et difficile est, ut contineatur : nam aliud significant *jumenta*, aliud significatur *pecoris* appellatione. (D. 21, 1, 38. Fr. Ulp.)

## JURISPRUDENTIA.

*Jurisprudentia* est divinarum atque humanarum rerum notitia : justi atque injusti scientia. (D. 1, 1, 10, § 2. Fr. Ulp.)

## JUS.

Est autem a justitia appellatum : nam (ut eleganter Celsus definit) jus est ars boni et æqui. (D. 1, 1, 1. Fr. Ulp.)

Jus pluribus modis accipitur :

Uno modo, cum id quod semper æquum ac bonum est, *jus* dicitur : ut est jus naturale.

Altero modo, quod omnibus aut pluribus in quaque civitate utile est : ut est jus civile.

Nec minus *jus* recte appellatur in civitate nostra jus honorarium.

Prætor quoque *jus reddere* dicitur, etiam cum inique decernit : relatione scilicet facta, non ad id, quod ita Prætor fecit, sed ad illud, quod Prætorem facere convenit.

Alia significatione *jus* dicitur locus, in quo jus redditur : appellatione collata ab eo quod fit, in eo ubi sit : quem locum determinare hoc modo possumus : ubicumque Prætor salva majestate imperii sui, salvoque more majorum, jus dicere constituit : is locus recte jus appellatur. (D. 1, 1, 11. Fr. Paul.)

Nonnunquam jus etiam pro necessitudine dicimus : veluti, est mihi jus cognationis, vel adfinitatis. (D. 1, 1, 12. Fr. Marcian.)

JUS ÆLIANUM, *V. Jus civile Flavianum.*

JUS CIVILE.

Jus *civile* est quod neque in totum a naturali, vel gentium recedit, nec per omnia ei servit : itaque cum aliquid addimus, vel detrahimus juri communi, jus proprium, id est civile efficimus. (D. 1, 1, 6. Fr. Ulp.)

Jus autem *civile* est, quod ex legibus, plebiscitis, senatusconsultis, decretis Principum, auctoritate Prudentium venit. (D. 1, 1, 7. Fr. Papin.)

JUS CIVILE FLAVIANUM.

...... Cum Appius Claudius proposuisset, et ad formam redegisset has actiones (id est *legis actiones*) : Gnæus Flavius scriba ejus, libertini filius, subreptum librum populo tradidit : et adeo gratum fuit id munus populo, ut tribunus plebis fieret, et senator et ædilis curulis : hic liber qui actiones continet, appellatur *jus civile Flavianum* : sicut ille, jus civile Papirianum.

Augescente civitate, quia deerant quædam genera agendi, non post multum temporis spatium Sextus Ælius alias actiones composuit, et librum populo dedit, qui appellatur *jus Ælianum*. (D. 1, 2, 2, § 7. Fr. Pompon.)

### JUS CIVILE PAPIRIANUM.

Tulerunt et sequentes reges (post Romulum) : quæ omnes (leges) conscriptæ erant in libro Sexti Papirii : qui fuit illis temporibus, quibus superbus Demarati Corinthii filius, ex principalibus viris. Is liber appellatur *jus civile Papirianum* : non quia Papirius de suo quicquam ibi adjecit, sed quod leges sine ordine latas in unum composuit. (D. 1, 2, 2, § 2. Fr. Pompon.)

### JUS GENTIUM.

*Jus gentium* est, quo gentes humanæ utuntur : quod a naturali recedere, facile intelligere licet : quia illud omnibus animalibus, hoc solis hominibus inter se commune sit. (D. 1, 1, 1, § 4. Fr. Ulp.)

### JUS HONORARIUM.

...... Magistratus jura reddebant : et ut scirent cives, quod jus de quaque re quisque dicturus esset, seque præmuniret ; *edicta* proponebant : quæ edicta Prætorum, *jus honorarium* constituerunt. *Honorarium* dicitur, quod ab honore Prætoris venerat. (D. 1, 2, 2, § 10. Fr. Pompon.) V. *Jus Prætorium*.

### JUSJURANDUM REMITTERE.

*Remittit jusjurandum*, qui deferente se, cum paratus esset adversarius jurare, gratiam ei facit, contentus voluntate suscepti jurisjurandi. (D. 12, 2, 6. Fr. Paul.)

JUS MORIBUS CONSTITUTUM.

Inveterata consuetudo non immerito pro lege custoditur (et hoc est jus, quod dicitur *moribus constitutum.*) (D. 1, 4, 32, § 1. Fr. Julian.)

JUS NATURALE.

*Jus naturale* est, quod natura omnia animalia docuit. Nam jus istud non humani generis proprium, sed omnium animalium, quæ in terra quæ in mari nascuntur; avium quoque commune est. Hinc descendit maris atque feminæ conjunctio, quam nos *matrimonium* appellamus : hinc liberorum procreatio, hinc educatio : videmus etenim cætera quoque animalia, feras etiam, istius juris peritia censeri. (D. 1, 1, 1, § 3. Fr. Ulp.)

JUS PRÆTORIUM.

*Jus Prætorium* est quod Prætores introduxerunt, adjuvandi, vel supplendi, vel corrigendi juris civilis gratia, propter utilitatem publicam : quod et *honorarium* dicitur, ad honorem Prætorum sic nominatum. (D. 1, 1, 7, § 1. Fr. Papinian.)

JUS PRIVATUM, V. *Jus publicum.*

JUS PUBLICUM.

*Publicum* jus est, quod ad statum rei Romanæ spectat. *Privatum* quod ad singulorum utilitatem : sunt enim quædam *publice* utilia, quædam *privatim.*

*Publicum* jus in sacris, in sacerdotibus, in magistratibus consistit.

*Privatum* jus tripertitum est : collectum etenim est ex *naturalibus* præceptis, aut *gentium*, aut *civilibus*. (D. 1, 1, 1, § 2. Fr. Ulp.)

## JUS QUIRITUM.

Jus quo Romanus populus utitur, jus civile Romanorum appellamus; vel *jus Quiritum*, quo Quirites utuntur. Romani enim (a Romulo), *Quirites*, a *Quirino* appellantur. (I. 1, 2, § 2.)

## JUS SCRIPTUM.

*Scriptum* jus est lex, plebiscitum, senatusconsultum, Principum placita, magistratuum edicta, responsa prudentum.

Ex non *scripto* jus venit, quod usus approbavit : nam diuturni mores consensu utentium comprobati, legem imitantur. (I., 1, 2, §§ 3 et 9.) *V. Jus moribus constitutum.*

## JUS SINGULARE.

*Jus singulare* est, quod contra tenorem rationis propter aliquam utilitatem auctoritate constituentium introductum est. (D. 1, 3, 16. Fr. Paul.)

## JUSSUM.

*Jussum* autem accipiendum est sive testato quis, sive per epistolam, sive verbis, aut per nuncium,

sive specialiter in uno contractu jusserit, sive generaliter. (D. 15, 4, 1, § 1. Fr. Ulp.)

### JUSTITIA.

*Justitia* est constans et perpetua voluntas jus suum cuique tribuendi. ( D. 1, 1, 10. Fr. Ulp. )

### JUSTUM MATRIMONIUM.

*Justum matrimonium* est, si inter eos qui nuptias contrahunt, connubium sit, et tam masculus pubes quam femina potens sit, et utrique consentiant si sui juris sint, aut etiam parentes eorum, si in potestate sint. ( Ulp. Reg. V, § 2. )

### JUVENIS.

Existimari posset *juvenis* is, qui adolescentis excessit ætatem, quoad incipiat inter seniores numerari. ( D. 32, de leg. III, 69, § 1. Fr. Marcel. )

---

## L

### LACUS.

*Lacus* est quod perpetuam habet aquam. (D. 43, 14, 1, § 3. Fr. Ulp.) *V. Stagnum.*

### LATA CULPA.

Quod Nerva diceret, *latiorem culpam dolum esse,*

Proculo displicebat, mihi verissimum videtur. (D. 16, 3, 22. Fr. Cels.) V. *Culpa.*

## LATINI JUNIANI.

...... *Latini Juniani* dicuntur; *Latini* ideo, nam adsimilitati sunt *Latinis Coloniariis*; *Juniani* ideo vero, quia per legem *Juniam* libertatem acceperunt, cum olim servi viderentur esse. (Gaii C. 1, § 22.)

## LATITARE.

*Latitare* autem est, cum tractu aliquo latere: quemadmodum factitare, frequenter facere.

*Latitare* est, non (ut Cicero definit) turpis occultatio sui; potest enim quis latitare non turpi de causa, veluti qui tyranni crudelitatem timet, aut vim hostium, aut domesticas seditiones.

Illud sciendum est, posse quem in eadem civitate esse, et latitare: et in alia civitate (esse) et non latitare. Etenim qui in alia civitate sit, copiamque sui faciat in publico, ibique pareat, an latitet videamus? Et hodie hoc jure utimur, ut sive quis eodem loci agat, sive alio, sive peregre (agat), si tamen *occursum creditoris* evitet, latitare videatur. (D. 42, 4, 7, §§ 4, 8 et 13. Fr. Ulp.)

## LEGARE.

Verbis legis XII Tabularum, *uti legassit suæ rei, ita jus esto*, latissima potestas tributa videtur, et heredis instituendi, et legata, et libertates dandi, tutelas quoque constituendi : sed id interpretatione coangustatum est, vel legum, vel auctoritate jura constituentium. (D. 50, 16, 120. Fr. Pompon.)

LEGATUM.

*Legatum* est donatio testamento relicta. (D. 31, 2, 36. Fr. Modest.)

*Legatum* est delibatio hereditatis, qua testator ex eo, quod universum heredis foret, alicui quid collatum velit. (D. 30, 1, 116. Fr. Florent.)

*Legatum* est quod legis modo, id est imperative, testamento relinquitur; nam ea quæ precativo modo relinquuntur *fideicommissa* vocantur. (Ulp. Reg. 24, 1.)

Et fideicommissum, et mortis causa donatio appellatione *legati* continentur. (D. 32, de leg. III, 87. Fr. Paul.)

LEGE OBLIGARI, V. *Re obligari.*

LEGE OBVENIRE HEREDITATEM.

*Lege obvenire hereditatem* non improprie quis dixerit et eam, quæ ex testamento defertur : quia lege XII Tabularum testamentariæ hereditates confirmantur. (D. 50, 16, 130. Fr. Ulp.)

LEGERE, LEGI.

*Legi* sic accipiendum, non intelligi, sed oculis perspici quæ sunt scripta. Cæterum, si extrinsecus intelligantur non videbuntur legi posse. (D. 28, 4, 1. Fr. Ulp.)

LEGES CURIATÆ, *V. Curiæ.*

LEGITIMI TUTORES, *V. Tutores legitimi.*

## LENA.

*Lenas* autem eas dicimus, quæ mulieres quæstuarias prostituunt.

*Lenam* accipiemus et eam quæ alterius nomine hoc vitæ genus exercet. (D. 23, 2, 43, §§ 7 et 8.)

## LENOCINIUM.

Crimen *lenocinii* contrahunt qui deprehensam in adulterio uxorem in matrimonio retinuerunt, non qui suspectam adulteram habuerunt. (C. 9, 9, 2.)

*Lenocinium* facit qui quæstuaria mancipia habuerit : sed et qui in liberis hunc quæstum exercet, in eadem causa est. (D. 3, 2, 4, § 2. Fr. Ulp.)

## LEONINA SOCIETAS.

Aristo refert Cassium respondisse, societatem talem coiri non posse, ut alter lucrum tantum, alter damnum sentiret : et hanc societatem *leoninam* solitum appellare : et nos consentimus talem societatem nullam esse. (D. 17, 2, 29, § 2. Fr. Ulp.)

## LEVIR.

Viri frater *levir* : is apud Græcos δαήρ appellatur. (D. 38, 10, 4, § 6. Fr. Modest.)

### LEX.

*Lex* est commune præceptum, virorum prudentium consultum : delictorum quæ sponte vel ignorantia contrahuntur coercitio : communis reipublicæ sponsio. (D. 1, 3, 1. Fr. Papin.)

*Diuturna consuetudo* pro jure et *lege* in his, quæ non ex scripto descendunt, observari solet. (D. 1, 3, 33. Fr. Ulp.) *V. Jus moribus constitutum.*

### LEX REGIA.

Quod principi placuit, legis habet vigorem : utpote cum *lege regia* quæ de imperio ejus lata est, populus ei et in eum omne suum imperium et potestatem conferat. (D. 1, 4, 1. Fr. Ulp. — I. 1, 2, § 6.)

### LIBERALIA STUDIA.

*Liberalia studia* accipimus, quæ Græci ἐλευθέρια appellant : rhetores continebuntur, grammatici, geometræ. Medicorum quoque eadem causa est, quæ professorum, nisi quod justior : cum hi salutis hominum, illi studiorum curam agant..... (D. 50, 13, 1. Fr. Ulp.)

### LIBERATIO.

*Liberationis* verbum eamdem vim habet, quam solutionis. (D. 50, 16, 47. Fr. Paul.) *V. Satisdatio, Satisfactio, Solutio.*

### LIBERI, FILII.

*Liberorum* appellatione nepotes et pronepotes cæterique, qui ex his descendunt, continentur : hos enim omnes *suorum* appellatione Lex XII Tabularum comprehendit : totiens enim leges necessarium ducunt cognationum singularum nominibus uti, veluti *filii*, *nepotes*, *pronepotes*, cæterorumve, qui ex his descendunt, quotiens non omnibus, qui post eos sunt, præstitum voluerint : sed solis his succurrent, quos nominatim enumerent.

At ubi non personis certis, non quibusdam gradibus præstatur, sed omnibus, qui eodem genere orti sunt, liberorum appellatione comprehenduntur.

§ 1. — Sed et Papirius Fronto libro III responsorum ait, prædio cum villico et contubernali ejus et filiis legato, nepotes quoque ex filiis contineri, nisi voluntas testatoris aliter habeat : *filii* enim appellatione sæpe et nepotes accipi, multifariam placere.

§ 2. — Divus quoque Marcus rescripsit, non videri sine liberis defunctum, qui nepotem suum heredem reliquit.

§ 3.—Præter hæc omnia natura nos quoque docet, parentes pios, *qui liberorum procreandorum animo et voto uxores ducunt*, filiorum appellatione omnes, qui ex nobis descendunt, continere : nec enim dulciore nomine possumus nepotes nostros, quam *filii* appellare : etenim idcirco filios, filiasve concipimus atque edimus, ut ex prole eorum, earumve diuturnitatis nobis memoriam in ævum relinquamus. (D. 50, 16, 220. Fr. Callist.)

*Liberorum* appellatione continentur, non tantum qui sunt in potestate : sed omnes qui sui juris sunt, sive virilis, sive feminini sexus sunt, exve feminini sexus descendentes. (D. 50, 16, 56. Fr. Ulp.)

Inter *liberos* nepotem quoque ex filia contineri, D. Pius rescripsit. (D. 50, 12, 15. Fr. Ulp.)

Non est sine liberis, cui vel unus filius, unave filia est : hæc enunciatio, *habet liberos (non habet liberos)* semper pluralivo numero profertur : sicut et pugillares et codicilli.

Nam quem *sine liberis esse*, dicere non possumus : hunc necesse est dicamus liberos habere. (D. 50, 16, 148 et 149. Fr. Gaii.)

Si quis prægnantem uxorem reliquit, non videtur *sine liberis* decessisse. (D. 50, 17, 187. Fr. Cels.)

Non sunt *liberi* qui contra formam humani generis converso more procreantur : veluti si mulier monstrosum aliquid, aut prodigiosum enixa sit. Partus autem, qui membrorum humanorum officia ampliavit, aliquatenus videtur effectus : et ideo inter liberos connumerabitur. (D. 1, 5, 14. Fr. Paul.) *V. Ostentum, Partus portentosus.*

## LIBER POPULUS.

*Liber populus* est is, qui nullius alterius populi potestati est subjectus, sive is fœderatus est : item sive æquo fœdere in amicitiam venit, sive fœdere comprehensum est, ut is populus alterius populi majestatem comiter conservaret. (D. 49, 15, 7, § 1. Fr. Procul.)

LIBERTAS.

*Libertas* est naturalis facultas ejus quod cuique facere libet, nisi quid vi aut jure prohibetur. (D. 1, 5, 4. Fr. Florent.)

LIBERTI NOSTRI.

Paternos libertos recte videmus dicere *nostros* libertos : liberorum libertos non recte nostros libertos dicimus. (D. 50, 16, 58. Fr. Gaii.)

LIBERTINI.

*Libertini* sunt qui ex justa servitute manumissi sunt. (D. 1, 5, 6. Fr. Gaii.)

LIBERTIS LIBERTABUSQUE MEIS.

Modestinus respondit, his verbis, *libertis, libertabusque meis*, libertum libertæ testatoris non contineri. (D. 50, 16, 105. Fr. Modest.)

LIBERTUS.

*Libertum* accipere debemus eum quem quis ex servitute ad civitatem Romanam perduxit, sive sponte, sive necessitate, quoniam rogatus fuit eum manumittere. (D. 38, 16, 3, § 1. Fr. Ulp.)

Scævola respondit : semper acceptum est, ut *libertorum* appellatione etiam hi contineri intelligantur, qui eodem testamento vel posteriore loco manumitterentur : nisi manifeste is, a quo peterentur, contra defuncti voluntatem doceret peti. (D. 50, 16, 243. Fr. Scæv.)

*Libertum* accipiemus etiam eum, qui a patre, avo, proavo et cæteris sursum versum manumissus sit. (D. 24, 2, 9. Fr. Paul.)

*Liberti* appellatione etiam *libertam* contineri placuit. (D. 50, 16, 172. Fr. Ulp.)

## LIBITINARII.

Quos (libitinarios) Græce νεκροθάπτας, id est *mortuorum sepultores*, vocant. (D. 14, 3, 5, § 8. Fr. Ulp.)

## LIBRI.

*Librorum* appellatione continentur omnia volumina, sive in charta, sive in membrana sint, sive in quavis alia materia : sed et si in philyra, aut in tilia (ut nonnulli conficiunt), aut in quo alio corio, idem erit dicendum. (D. 32 de leg. III, 52. Fr. Ulp.)

## LIBRIPENS, *V. Mancipatio.*

## LIGNUM, LIGNUM COCTUM, *V. Carbo.*

## LIGNUM, MATERIA.

*Ligni* appellatio nomen generale est : sed sic separatur, ut sit aliquid materia, aliquid lignum. *Materia* est, quæ ad ædificandum, fulciendum, necessaria est : lignum quidquid comburendi causa paratum est.

*Lignorum* appellatione in quibusdam regionibus (ut in Ægypto, ubi arundine pro ligno utuntur, et arundines, et papyrum comburitur) et herbulæ quædam, vel spinæ, vel vepres continebuntur. (D. 32, de leg. III, 55. Fr. Ulp.)

Pali et perticæ in numerum *materiæ* redigendi sunt, et ideo *lignorum* appellatione non continentur. (D. 50, 16, 168. Fr. Paul. — D. 32, 3, 56. Fr. Paul.)

## LINTEUM.

Quid sit *linteum* quæsitum est ; sed verius est, consuti genus esse quo necessariæ partes tegerentur. (Gaii C. III, § 193.)

## LIS.

*Lis* a *limitibus* dicitur, quorum causa lis sæpe nascitur. (Senec. de brev. vit., C. 3).

*Litis* nomen (omnem) actionem significat, sive in rem, sive in personam sit. (D. 50, 16, 36. Fr. Ulp.)

## LIS CONTESTATA, ACTIO EDITA.

Inter *litem contestatam* et *editam actionem* permultum interest. *Lis* enim tunc *contestata* videtur, cum judex per narrationem negotii causam audire cœperit. (C. 3, 9, 11.)

*Edita actio* speciem futuræ litis demonstrat. (C. 2, 1, 3.)

LITORA POPULI ROMANI.

*Litora*, in quæ populus Romanus imperium habet, *populi Romani* esse arbitror. (D. 43, 8, 3. Fr. Cels.)

LITUS.

*Litus* est, quousque maximus fluctus a mari pervenit : idque Marcum Tullium aiunt, cum arbiter esset, primum constituisse. (D. 50, 16, 96. Fr. Cels.)

LITUS PUBLICUM.

*Litus publicum* est eatenus, qua maxime fluctus exæstuat. Idemque juris est in lacu, nisi is totus privatus est. (D. 50, 16, 112. Fr. Javol.)

LOCUPLES.

*Locuples* est, qui satis idonee habet pro magnitudine rei, quam actor restituendam esse petit. (D. 50, 16, 234, § 1. Fr. Gaii.)

Hoc ipso quo non est pauperior factus, *locupletior* est. (D. 46, 3, 47, § 1. Fr. Marc.)

LOCUS, FUNDUS.

*Locus* est non fundus, sed portio aliqua fundi, *fundus* autem integrum aliquid est : et plerumque sine villa locum accipimus.

Cæterum adeo opinio nostra et constitutio locum a fundo separat, ut et modicus locus possit fundus dici, si fundi animo eum habuimus. Non enim magnitudo locum a fundo separat, sed nostra affectio : et quælibet portio fundi poterit fundus dici, si jam hoc constituerimus : nec non et fundus, locus constitui potest : nam si eum alii adjunxerimus fundo, locus fundi efficietur.

§ 1. — *Loci* appellationem non solum ad rustica, verum et urbana quoque prædia pertinere Labeo scribit.

§ 2. — Sed fundus quidem suos habet fines, locus vero latere potest, quatenus determinetur, et definietur. (D. 50, 16, 60. Fr. Ulp.) *V. Fundus.*

LOCUS PUBLICUS.

*Publici loci* appellatio quemadmodum accipiatur, Labeo definit : ut et ad areas, et ad insulas, et ad agros, ad vias publicas itineraque publica pertineat. (D. 43, 8, 2, § 3. Fr. Ulp.)

LOCUS PURUS.

*Purus* autem *locus* dicitur, qui neque sacer, neque sanctus (est), neque religiosus : sed ab omnibus hujus modi nominibus vacare videtur. (D. 11, 7, 2. § 4. Fr. Ulp.)

LOCUS RELIGIOSUS.

*Religiosum locum* unusquisque sua voluntate facit dum mortuum infert in locum suum. (I. 2, 1, § 9.)

Non totus qui sepulturæ destinatus est, *locus religiosus* fit, sed quatenus corpus humatum est. (D. 11, 7, 2, § 5. Fr. Ulp.)

### LONGUM TEMPUS.

*Longum tempus*, exemplo longæ præscriptionis, decennii inter præsentes et inter absentes vicennii computatur. (Paul. Sent. 5, 5, 8.)

### LUCRUM, DAMNUM.

Neque..... *lucrum* intelligitur, nisi omni damno deducto; neque *damnum*, nisi omni lucro deducto. (D. 17, 2, 30. Fr. Paul.) *V. Damnum*.

### LUMEN, PROSPECTUS.

*Lumen*, id est, ut cœlum videretur : et interest *lumen* et *prospectum* : nam *prospectus* etiam ex inferioribus locis est : *lumen* ex inferiore loco esse non potest. (D. 8, 2, 16. Fr. Paul.)

---

## M

### MAGISTER, MAGISTRATUS.

Cui præcipua cura rerum incumbit, et qui magis quam cæteri, diligentiam et sollicitudinem rebus quibus præsunt, debent, hi *Magistri* appellantur.

Quinetiam ipsi magistratus per derivationem a magistris cognominantur. Unde etiam cujuslibet disciplinæ Præceptores, magistros appellari, a monendo, vel monstrando. (D. 50, 16, 57. Fr. Paul.)

## MAGISTER NAVIS.

*Magistrum navis* accipere debemus, cui totius navis cura mandata est.

*Magistrum* autem accipimus non solum quem exercitor præposuit, sed et eum, quem magister : et hoc consultus Julianus in ignorante exercitore respondit. (D. 14, 1, 1, §§ 1 et 5. Fr. Ulp.)

## MAGISTRI EQUITUM.

Dictatoribus *magistri equitum* injungebantur : sic, quomodo Regibus Tribuni Celerum : quod officium fere tale erat, quale hodie Præfectorum prætorio : magistratus tamen habebantur (legitimi). (D. 1, 2, 2, § 19. Fr. Pompon.)

## MAJORES, POSTERIORES.

Parentes usque ad tritavum apud Romanos proprio vocabulo nominantur : ulteriores, qui non habent speciale nomen, *majores* appellantur. Item liberi usque ad trinepotem, ultra hos, *posteriores* vocantur. (D. 38, 10, 10, § 7. Fr. Paul.) *V. Parens.*

## MAJOR PARS ANNI.

*Majore parte anni* possedisse quis intelligitur,

etiamsi duobus mensibus possiderit : si modo adversarius ejus aut paucioribus (diebus) aut nullis possiderit. (D. 50, 16, 156. Fr. Licin. Ruf.)

MALUS.

*Malum* navis esse partem, *artemonem* autem non esse Labeo ait : quia pleræque naves sine malo inutiles essent, ideoque pars navis habetur : artemo autem magis adjectamento, quam pars navis est. (D. 50, 16, 242. Fr. Javol.)

MANCIPATIO.

*Mancipatio* propria species alienationis est et rerum mancipi : eaque fit certis verbis, libripende et quinque testibus præsentibus. (Ulp. Reg. 19, 3.)

Est..... *mancipatio*..... imaginaria quædam venditio..... eaque res ita agitur : adhibitis non minus quam quinque testibus civibus Romanis puberibus, et præterea alio ejusdem conditionis qui libram æneam teneat, qui appellatur *libripens*,.... (Gaii C. 1, § 119.)

MANCIPIA.

*Mancipia* vero dicta quod ab hostibus manu capiantur. (D. 1, 5, 4, § 3. Fr. Florent.)

MANCIPIUM URBANUM.

Is qui natus est ex mancipiis urbanis, et missus est in villam nutriendus, in urbanis servis constituetur. (D. 50, 16, 210. Fr. Marcian.)

MANUMISSIO.

Est autem *manumissio*, de *manu missio*, id est, datio libertatis : nam quamdiu quis in servitute est, *manui* et potestati suppositus est : manumissus liberatur potestate. (D. 1, 1, 4. Fr. Ulp.)

MATERFAMILIAS.

*Matremfamilias* accipere debemus eam, quæ non inhoneste vixit : matrem enim familias a cæteris feminibus mores discernunt, atque separant : proinde nihil intererit, nupta sit, an vidua, ingenua sit, an libertina : nam neque nuptiæ neque natales faciunt matremfamilias : sed boni mores. (D. 50, 16, 46. Fr. Ulp.) *V. Paterfamilias.*

MATERIA, *V. Lignum.*

MATRIMONIUM, *V. Jus naturale.*

MAXIMUS, *V. Optimus.*

MEA TUA (IN TESTAMENTIS), *V. Meum.*

MEMORIA NON EXTAT.

*Memoriam non extare* dicitur..... cum omnium hæc est opinio, nec audisse nec vidisse, cum opus (V. G.) fieret, nec ex eis audisse, qui vidissent aut audissent. (D. 22, 3, 28. Fr. Lab.)

MENSIS INTERCALARIS, *V. Bisextum.*

MERUM IMPERIUM.

*Merum* est *imperium*, habere gladii potestatem

ad animadvertendum facinorosos homines, quod etiam *potestas* appellatur. (D. 1, 2, 3. Fr. Ulp.) *V. Mixtum imperium.*

MERX.

*Mercis* appellatio ad res mobiles tantum pertinet. (D. 50, 16, 66. Fr. Ulp.)

MERX, MANGONES.

*Mercis* appellatione homines non contineri, Mela ait : et ob eam rem *mangones* non mercatores, sed venaliciarios appellari ait : et recte. (D. 50, 16, 207. Fr. Afric.)

Licet *mercis* appellatio angustior sit, ut neque ad servos, fullones, vel sarcinatores, vel textores, vel venaliciarios pertineat, tamen Pedius lib. XV scribit, ad omnes negotiationes porrigendum edictum. (D. 14, 4, 1, § 1. Fr. Ulp.)

MERX PECULIARIS.

*Peculiarem* autem *mercem* non sicuti peculium accipimus : quippe peculium deducto quod domino debetur, accipitur : merx peculiaris, etiamsi nihil sit in peculio, dominum tributoria obligat : ita demum, si sciente eo negotiabitur. (D. 14, 4, 1, § 2. Fr. Ulp.) *V. Peculium.*

METUS. (*In Edicto* QUOD METUS CAUSA.)

*Metum* accipiendum Labeo dicit, non quemlibet

timorem, sed majoris malitatis. (D. 4, 1, 5. Fr. Ulp.)

*Metum* autem non vani hominis, sed qui merito et in hominem constantissimum cadat. (*Ib.* 6. Fr. Gaii.)

### METUS CAUSA ABESSE.

*Metus causa* abesse videtur, qui justo timore mortis, vel cruciatus corporis conterritus abest : et hoc ex effectu ejus intelligitur, sed non sufficit quolibet terrore abductum timuisse, sed hujus rei disquisitio judicis est. (D. 4, 6, 3. Fr. Ulp.)

### MEUM, TUUM.

*Meorum* et *tuorum* appellatione actiones quoque contineri dicendum est. (D. 50, 16, 91. Fr. Paul.)

### MILES.

*Miles* appellatur, vel a militia, id est duritia, quam pro nobis sustinent, aut a multitudine, aut a malo quod arcere milites solent; aut a numero mille hominum, ducitum a Græco verbo, tractum a tagmate. Nam Græci mille hominum multitudinem Ταγμα appellant, quasi millesimum quemque dictum. Unde ipsum ducem Χιλίαρχον appellant. (D. 29, 1, 1, § 1. Fr. Ulp.)

*Milites* sunt, qui in numeros relati sunt. (D. 29, 1, 42. Fr. Ulp.)

In classibus omnes remiges et nautæ, *milites* sunt; item Vigiles. (D. 37, 13, 1. Fr. Ulp.)

MILLE PASSUS.

*Mille passus* non a *milliario* urbis, sed a continentibus ædificiis numerandi sunt. (D. 50, 16, 154. Fr. Macer.) *V. Milliarium.*

MILLIARIUM.

*Milliarium* erat columna quædam, Romæ posita in foro ab Augusto, a qua omnes viæ Italiæ initium et finem capiebant. (Not. Dion. Goth.)

MINUS SOLUTUM.

*Minus solutum* intelligitur, etiam si nihil esset solutum. (D. 50, 16, 32. Fr. Paul.)

MINUS SOLVERE.

*Minus solvit*, qui tardius solvit : nam et tempore minus solvitur. (D. 50, 16, 12, § 1. Fr. Ulp.)

Non potest videri *minus solvisse* is, in quem amplioris summæ actio non competit. (D. 50, 16, 117. Fr. Javol.)

MIXTUM IMPERIUM.

*Mixtum* est *imperium*, cui etiam jurisdictio inest, quod in danda bonorum possessione consistit. (D. 2, 1, 3. Fr. Ulp.)

MOBILIA, *V. Moventia.*

MODIUS INIQUUS, *V. Falsus tutor.*

MONUMENTUM.

*Monumentum* generaliter res est memoriæ causa

in posterum prodita : in qua si corpus vel reliquæ inferantur, fiet sepulchrum : si vero nihil eorum inferatur, erit monumentum memoriæ causâ factum : quod Græci κενοτάφιον, id est, *inane sepulchrum* appellant. ( D. 11, 7, 42. Fr. Florent. )

MORA.

*Mora* fieri intelligitur non ex re, sed ex persona, id est si interpellatus opportuno loco non solverit : quod apud judicem examinabitur. ( D. 22, 1, 32. Fr. Marc. )

MORBUS.

Sciendum est, *morbum* apud Sabinum sic definitum esse, habitum cujusque corporis contra naturam, qui usum ejus ad id facit deteriorem, cujus causa natura nobis ejus corporis sanitatem dedit. ( D. 21, 1, § 7. Fr. Ulp. )

MORBUS SONTICUS.

*Morbus sonticus* est, qui cuique rei nocet. ( D. 50, 16, 113. Fr. Javol. )

Quotiens *morbus sonticus* nominatur, eum significari Cassius ait, qui noceat. Nocere autem intelligi, qui perpetuus est, non qui tempore finiatur. Sed morbum sonticum eum videri, qui inciderit in hominem, postquam is natus sit : *sontes* enim nocentes dici. ( D. 21, 1, 65, § 1. Fr. Venul.)

MORBUS, VITIUM.

Verum est *morbum* esse temporalem corporis imbecilitatem, *vitium* vero perpetuum corporis impedimentum, veluti si oculum excussit : nam et luscus itaque vitiosus est. (D. 50, 16, 101. Fr. Modest.)

MORES.

*Mores* sunt tacitus consensus populi longa consuetudine inveteratus. (Ulp. Reg. 1, § 4.) *V. Jus moribus constitutum.*

MORS.

Omnibus hominibus terminus vitæ est *mors*. (N. 1, 1, § 4.)

MOVENTIA, MOBILIA.

*Moventium*, item *mobilium* appellatione, idem significamus : si tamen apparet defunctum animalia duntaxat, quia seipsa moverent, moventia vocasse : quod verum est. (D. 50, 16, 93. Fr. Cels.)

MULIER.

*Mulieris* appellatione etiam virgo viripotens continetur. (D. 50; 16, 13. Fr. Ulp.)

MULTA, *V. Fraus, pœna.*

MUNDUS MULIEBRIS.

*Mundus muliebris* est, quo mulier mundior sit : continentur eo specula, matulæ, unguenta, vasa unguentaria, et si qua similia dici possunt : veluti lavatio, riscus. ( D. 34, 2, 25, § 10. Fr. Ulp. )

MUNICIPES.

*Municipes* intelligendi sunt qui in eodem municipio nati sunt. ( D. 50, 16, 228. Fr. Paul. )

*Municipem* aut nativitas facit, aut manumissio, aut adoptio. Et proprie quidem *municipes* appellantur muneris participes, recepti in civitate, ut munera nobiscum facerent : sed nunc abusive *municipes* dicimus, suæ cujusque civitatis cives : utputa Campanos, Puteolanos. ( D. 50, 1, 1. Fr. Ulp. )

MUNUS, MUNIFICUS, ETC.

*Munus* tribus modis dicitur : uno *donum*, et inde munera dici, dari, mittive : altero *onus*, quod cum remittatur, vacationem militiæ munerisque præstat : inde immunitatem appellari. Tertio *officium* : unde munera militaria, et quosdam milites *munificos* vocari. Igitur municipes dici, quod munera civilia capiant. ( D. 50, 16, 18. Fr. Paul. )

MUNUS, DONUM.

*Munus* proprie est, quod necessarie obimus, lege, more, imperiove ejus, qui jubendi habet potestatem.

*Dona* autem proprie sunt quæ nulla necessitate juris, officii, sed sponte præstantur : quæ si non præstentur, nulla reprehensio est : et si præstentur, plerumque laus inest : sed in summa in hoc ventum est, ut non quodcunque munus, id et donum accipiatur : at quod donum fuerit, id munus recte dicatur. ( D. 50, 16, 214. Fr. Marc. ) *V. Donum.*

## MUNUS PUBLICUM.

*Munus publicum* est officium privati hominis, ex quo commodum ad singulos, universosque cives, remque eorum imperio magistratus extraordinarium pervenit. ( D. 50, 16, 239, § 3. Fr. Pompon.)

*Publicum munus* dicitur, quod in administranda Republica cum sumptu sine titulo dignitatis subimus. (D. 50, 4, 14. Fr. Callist.)

## MUTUI DATIO, MUTUUM.

*Mutui datio* in iis rebus consistit, quæ pondere, numero, mensurave constant : veluti vino, oleo, frumento, pecunia numerata, ære, argento, auro : quas res aut numerando aut metiendo, aut adpendendo in hoc damus ut accipientium fiant. (I. 3, 15, pr. )

Appellata est autem *mutui datio* ab eo quod de *meo tuum* fit. ( D. 12, 1, 2, § 2. Fr. Paul. )

Et quoniam nobis non eædem res, sed aliæ ejusdem naturæ et qualitatis redduntur, inde etiam *mutuum* appellatum est, quia ita a me tibi datur, ut ex *meo tuum* fiat : et ex eo contractu nascitur actio quæ vocatur *condictio*. (I. 3, 15, pr. )

# N.

## NATUS.

*Natorum* appellatio et ad nepotes extenditur. (D. 50, 16, 104. Fr. Modest.) *V. Liberi.*

## NAVIGANDI CAUSA.

*Navigandi causa* accipere debemus eos, qui adhibentur, ut navis naviget, hoc est, nautas. (D. 47, 5, 1, § 1. Fr. Ulp.)

## NAVIGIUM.

*Navigium* solemus dicere etiam ipsam navem.

*Navigii* appellatione etiam rates continentur : quia plerumque, et ratium usus necessarius est. (D. 43, 12, 1, § 14.)

## NAVIS EXPUGNATA.

*Expugnare* videtur, qui in ipso quasi prælio et pugna adversus navem et ratem aliquid rapit : sive expugnet, sive prædonibus expugnantibus rapuit. (D. 47, 9, 3, § 1. Fr. Ulp.)

*Expugnatur navis*, cum spoliatur, aut mergitur, aut dissolvitur, aut pertunditur, aut funes ejus præciduntur, aut vela conscinduntur, aut ancoræ involantur de mare. (D. id. 6. Fr. Callist.)

## NAVIS PARS, V. *Malus.*

## NECARE.

*Necare* videtur non tantum is qui partum perfocat, sed et is qui abjicit, et qui alimonia denegat, et is qui publicis locis misericordiæ causa exponet, quam ipse non habet. (D. 25, 3, 4. Fr. Paul.)

NOMEN.

*Nominis* appellatione rem significari Proculus ait. (D. 50, 16, 4. Fr. Paul.)

NOMEN, RES.

*Nominis* et *rei* appellatio ad omnem contractum et obligationem pertinet. (D. 50, 16, 6. Fr. Ulp.)

NOMEN MEDIUM, *V. Venenum malum, Persuadere, Dolum malum.*

NOMINATIM EXHEREDARI

Quid sit *nominatim exheredari*, videamus : nomen, et prænomen, et cognomen ejus dicendum est : an sufficit vel unum ex his ? et constat sufficere. (D. 28, 2, 1, Fr. Ulp.)

NOMINATIM LEGATUM.

*Nominatim legatum* accipiendum est, quod a quo legatum sit intelligitur : licet nomen prononciatum sit. (D. 32, de leg. III, 90. Fr. Paul.)

NOSTRI LIBERTI, *V. Liberti.*

NOSTRUM, MEUM.

Recte dicimus eum fundum totum *nostrum* esse, etiam cum ususfructus alienus est : quia ususfructus non dominii pars, sed servitutis sit : ut via et iter : nec falso dici, totum *meum* esse cujus non potest ulla pars dici alterius esse : hoc et Julianus : et est verius. (D. 50, 16, 25. Fr. Paul.) *V. Pars.*

NOTIO.

*Notionem* accipere possumus, et cognitionem et jurisdictionem. (D. 50, 16, 99. Fr. Ulp.)

Ait Prætor, *cujus de ea re jurisdictio est* : melius scripsisset, *cujus de ea re notio est* : etenim *notionis* nomen etiam ad eos pertineret, qui jurisdictionem non habent, sed habent de quavis alia causa notionem. (D. 42, 1, 5. Fr. Ulp.)

NOVALIS, V. *Terra novalis.*

NOVATIO.

*Novatio* est prioris debiti in aliam obligationem vel civilem, vel naturalem transfusio atque translatio : hoc est, cum ex præcedenti causa ita nova constituatur, ut prior perimatur.

*Novatio* enim a *novo* nomen accepit, et a nova obligatione. (D. 46, 2, 1. Fr. Ulp.)

NOVERCA, VITRICUS, PRIVIGNUS.

Uxor liberis ex alia uxore natis dicitur *noverca* : matris vir ex alio viro natis *vitricus* appellatur. Eorum uterque natos aliunde, *privignos privignasque* vocant. (D. 38, 10, 4, § 6. Fr. Modest.)

NOVITIUS, *V. Servus veterator.*

NOXA.

*Noxa* est ipsum corpus quod nocuit, ...... noxia ipsum maleficium, veluti furtum, damnum, rapina, injuria. (I. 4, 8, § 1.) *V. Noxia.*

Hæc stipulatio, *noxis solutum præstari*, non existimatur ad eas noxas pertinere, quæ publicam exercitionem et coercitionem capitalem habent. (D. 50, 16, 200. Fr. Julian.) *V. Furem non esse.*

NOXÆ DEDERE.

*Noxæ* autem *dedere*, est animal tradere vivum. (D. 9, 1, 1, § 14. Fr. Ulp.)

NOXALES ACTIONES, *V. Actio noxalis.*

NOXIA.

*Noxia* appellatione omne delictum continetur. (D. 50, 16, 238, § 3. Fr. Gaii.) *V. Noxa.*

NUMMI.

*Nummis* indistincte legatis, hoc receptum est, ut exiguiores legati videantur : si neque ex consuetudine patrisfamiliæ, neque ex regionis, unde fuit, neque ex contextu testamenti possit apparere. (D. 32, de leg. III, 75. Fr. Ulp.)

NUNDINÆ.

*Nundinas* (id est epulas)..... (D. 17, 2, 69. Fr. Ulp.)

## NUPTIÆ.

*Nuptiæ* sunt conjunctio maris et feminæ, consortium omnis vitæ : divini et humani juris communicatio. (D. 23, 2, 1. Fr. Modest.)

*Nuptiæ*, sive matrimonium, est viri et mulieris conjunctio, individuam vitæ consuetudinem continens. (I. 1, 9, § 1.) *V. Jus naturale.*

## NURUS, PRONURUS.

*Nurus* appellatione non tantum filii uxor, sed et nepotis et pronepotis continetur : licet quidam has *pronurus* appellant. (D. 23, 2, 14, § 4. Fr. Paul.)

Labeo scribit nepotis ex filia mea nati uxorem nurum mihi esse. *Generi* et *nurus* appellatione sponsus quoque et sponsa continetur : item *soceri* et *socrus* appellatione sponsorum parentes contineri videntur. (D. 38, 10, 6. Fr. Ulp.)

*Nurus* appellatio etiam ad *pronurum* et ultra porrigenda est. (D. 50, 16, 50. Ulp.)

---

# O

## OBLIGATIO.

*Obligatio* est juris vinculum quo necessitate adstringimur alicujus solvendæ rei, secundum nostra civitatis jura. (I. 3, 14, § 1.)

OBLIGATIONES NATURALES.

*Naturales obligationes* non eo solo æstimantur, si actio aliqua eorum nomine competit: verum etiam cum soluta pecunia repeti non potest. Nam licet minus proprie debere dicantur naturales debitores, per abusionem intelligi possunt debitores: et qui ab his pecuniam recipiunt, debitum sibi recepisse. (D. 46, 1, 16, § 4. Fr. Julian. — D. 44, 7, 10. Fr. Paul.)

OCCISUS.

*Occisus* videtur non tantum qui per vim aut per cædem interfectus est, velut jugulatus aut præcipitatus, sed et is qui veneno necatus dicitur. (Paul. Sent. 3, 5, § 2.)

ONERANDÆ LIBERTATIS CAUSA.

*Onerandæ libertatis causa* bellissime ita definiuntur, quæ ita imponuntur, ut, si patronum libertus offenderit, petantur ab eo, semperque sit metu exactionis ei subjectus, propter quem metum quodvis sustineat patrono præcipiente. (D. 44, 5, 1, § 5. Fr. Ulp.)

ONUS, *V. Munus, Munificus.*

OPERÆ.

*Operæ* sunt diurnum officium. (D. 38, 1, 1. Fr. Paul.) *V. Opus.*

OPERIS NOVI NUNCIATIO.

*Nunciare novum opus*, est inhibere ne novum opus ædificando fiat aut perficiatur. (D. 39, 1, 1. Not.)

Sextus Pedius definiit triplicem esse causam operis novi nunciationis, aut *naturalem*, aut *publicam*, aut *impositiam*.

*Naturalem* cum in nostras ædes quid immittitur, aut ædificatur in nostro.

*Publicam* causam, quotiens leges, aut senatusconsulta, constitutionesque principum per operis novi nunciationem tuemur.

*Impositiam*, cum quis, posteaquam jus suum deminuit, alterius auxit, hoc est, posteaquam servitutem ædibus suis imposuit, contra servitutem fecit. (D. 39, 1, 5, § 9. Fr. Ulp.) *V. Opus novum facere.*

OPORTEBIT.

Verbum *oportebit*, tam præsens quam futurum tempus significat. (D. 50, 16, 8. Fr. Paul.—D. 45, 1, 76, § 1. Fr. Paul.)

OPORTERE.

Verbum *oportere* non ad facultatem judicis pertinet, qui potest, vel pluris, vel minoris condemnare: sed ad veritatem refertur. (D. 50, 16, 37, Fr. Paul.)

OPPIDUM.

*Oppidum* ab *ope* dicitur, quod hujus rei causa

mœnia sint constituta. (D. 50, 16, 239, §. 7. Fr. Pompon.).

OPPROBRIUM, *V. Probrum.*

OPTIMUS MAXIMUSQUE.

Illa verba, *optimus maximusque*, vel in eum cadere possunt, qui solus est, sic et circa edictum Prætoris supremæ tabulæ habentur, et solæ. (D. 50, 16, 163. Fr. Paul.)

Non tantum in traditionibus, sed et in emptionibus et stipulationibus, et testamentis adjectio hæc, uti *optimus maximusque* est, hoc significat, ut liberum præstetur prædium, non ut etiam servitutes ei debeantur (D. 50, 16, 169. Fr. Paul.)

OPTIO, *V. Tutor optivus.*

OPUS.

*Opere* locato, conducto : his verbis Labeo significari ait id opus, quod Græci αποτελεσμα vocant (non ἐργον), id est, ex opere facto corpus aliquod perfectum. (D. 50, 16, 5. Fr. Paul.)

OPUS NOVUM FACERE.

*Opus novum facere* videtur, qui aut ædificando, aut detrahendo aliquid, pristinam faciem operis mutat. (D. 39, 1, 1, § 11. Fr. Ulp.)

ORBI.

*Orbi*, id est, qui liberos non habent. (Gaii C. 2, § 111.)

ORCINUS.

Qui directo testamento liber esse jubetur, ipsius testatoris libertus fit, qui etiam ORCINUS appellatur. I. 2, 14, § 2. — Ulp. Reg. 2, § 8.)

ORNAMENTA MULIEBRIA.

*Ornamenta muliebria* sunt, quibus mulier ornatur, veluti inaures, armillæ, viriolæ, anuli, præter signatorios, et omnia, quæ ad aliam rem nullam parantur, nisi corporis ornandi causa. Quo ex numero etiam hæc sunt, aurum, gemmæ, lapilli, quia aliam nullam in se utilitatem habent. (D. 34, 2, 25, § 10. Fr. Ulp.)

*Ornamentorum* appellatione vestem muliebrem non contineri, nec errorem heredis jus mutasse respondi. (D. 34, 2, 37. Fr. Paul.)

Signatorius anulus *ornamenti* appellatione non continetur. (D. 50, 16, 74. Fr. Paul.)

OSTENTUM.

*Ostentum* Labeo definit, omne contra naturam cujusque rei genitum, factumque. Duo genera (autem) sunt ostentorum, unum quotiens quid contra naturam nascitur, tribus manibus forte aut pedibus, aut qua alia parte corporis quæ naturæ contraria est : alterum cum quid prodigiosum videtur, quæ Græci φαντασματα, id est, *visiones* vocant. (D. 50, 16, 38. Fr. Ulp.) *V. Liberi.*

OVES, *V. Agni.*

# P

## PACTUM, PACTIO.

*Pactum* a *pactione* dicitur : inde etiam *pacis* nomen appellatum est.

Et est *pactio*, duorum pluriumve in idem placitum consensus. (D. 2, 14, 1, §§ 1 et 2. Fr. Ulp.)

## PACTUM, POLLICITATIO.

*Pactum* est duorum consensus atque conventio : *Pollicitatio* vero offerentis solius promissum. (D. 50, 12, 3. Fr. Ulp.) *V. Conventio.*

## PACTUM IN REM, IN PERSONAM.

Pactorum quædam *in rem* sunt, quædam *in personam*. *In rem* sunt, quotiens generaliter paciscor, ne petam : *in personam*, quoties ne a persona petam, id est ne a Lucio Titio petam. (D. 2, 14, 7, § 8. Fr. Ulp.)

## PALAM.

*Palam* est coram pluribus. (D. 50, 16, 33. Fr. Ulp.)

## PALAM NUNCUPARE.

Heredes *palam*, ita ut exaudiri possint *nuncupandi sunt*..... Quid est *palam*? Non utique in publicum, sed ut exaudiri possit : exaudiri autem non ab omnibus, sed a testibus : et si plures fuerint tes-

tes adhibiti, sufficit solennem numerum exaudire. (D. 28, 1, 21. Fr. Ulp.)

PALAM QUÆSTUM FACERE.

*Palam quæstum facere* dicemus, non tantum eam quæ in lupanario se prostituit, veram etiam si qua, ut adsolet, in taberna cauponia, vel qua alia pudori suo non parcit. *Palam* autem sic accipimus, passim, hoc est sine delectu : non si qua adulteris, vel stupratoribus se committit : sed quæ vicem prostitutæ sustinet. (D. 23, 2, 43. Fr. Ulp.)

PALI, PERTICÆ, *V. Lignum, materia.*

PANNICULARIA.

*Pannicularia* sunt ea, quæ in custodiam receptus secum attulit spolia : quibus indutus est, cum quis ad supplicium ducitur, ut et ipsa appellatio ostendit. (D. 48, 20, 6. Fr. Ulp.)

PARATUM, *V. Emptum.*

PARENS.

Appellatione *parentis*, non tantum pater, sed etiam avus, et proavus, et deinceps omnes superiores continentur : sed et mater, et avia, et proavia. (D. 50, 16, 51. Fr. Gaii.)

*Parentem* utriusque sexus accipe. Sed ad in infinitum quæritur ? Quidam parentem usque ad tritavum appellari aiunt : superiores *majores* dici.

Hoc veteres existimasse Pomponius refert : sed Gaius Cassius omnes in infinitum *parentes* dicit : quod et honestius est, et merito obtinuit.

*Parentes* etiam eos accipi Labeo existimat, qui in servitute susceperunt : nec tamen, ut Severus dicebat, ad solos justos liberos, sed et si vulgo quæsitus sit filius..... (D. 2, 4, 4. Fr. Ulp.) *V. Majores.*

PARIA FACERE.

Hæc verba *paria fecerit*..... hoc significant, si omnem pecuniam ab omnibus exegerint, et heredi solverint, vel eo nomine satisfacerent. (D. 40, 7, 40, § 8. Fr. Scæv.)

PARIES, VIA.

*Paries* est sive murus, sive maceria est. Item *via* est, sive semita, sive iter est. (D. 50, 16, 157. Fr. Æl. Gall.)

PARS.

Quintus Mucius ait, *partis* appellatione rem pro indiviso significari : nam quod pro diviso nostrum sit, id non partem, sed totum esse, Servius non ineleganter partis appellatione utrumque significari. (D. 50, 16, 25, § 1. Fr. Paul.) *V. Nostrum, meum.*

PARS NAVIS, *V. Malus.*

PARS ÆDIFICII, *V. Ædes.*

PARS ÆDIUM, *V. Ædes.*

PARTITIO.

*Partitionis* nomen non semper dimidiam significat : sed prout est adjectum : potest enim juberi aliquis, et maximam partiri posse, et vicesimam, et tertiam et prout libuerit : sed si non fuerit portio adjecta, dimidia pars debetur. (D. 50, 16, 164, § 1. Fr. Ulp.)

..... Potest et alia pars (quam dimidia), velut tertia, vel quarta, legari : quæ species *partitio* appellatur. (Ulp. Reg. 24, § 25.)

PARTUS.

*Partum* non esse partem rei furtivæ Scævola libro undecimo Quæstionum scribit. (D. 50, 16, 26. Fr. Ulp.) *V. Pars.*

PARTUS PORTENTOSUS.

Quæret aliquis, si *portentosum,* vel monstrosum, vel debilem mulier ediderit, vel qualem visu, vel vagitu novum, non humanæ figuræ, sed alterius magis animalis, quam hominis partum, an quia enixa est, prodesse ei debeat? Et magis est, ut hæc quoque parentibus prosint : nec enim est, quod eis imputetur, quæ, qualiter potuerunt, statutis obtemperaverunt : neque id, quod fataliter accessit, matris damnum injungere debet. (D. 50, 16, 135. Fr. Ulp.) *V. Ostentum.*

PASCUA SYLVA, *V. Sylva.*

PATER, *V. Filius.*

PATERFAMILIAS, MATERFAMILIAS, FILIUSFAMILIAS.

Civium Romanorum quidam sunt patresfamiliarum : alii filiifamiliarum : quædam matresfamiliarum : quædam filiæfamiliarum.

*Patresfamiliarum* sunt, qui sunt suæ potestatis; sive puberes, sive impuberes; simili modo *matresfamiliarum. Filiifamiliarum* et *filiæ*, quæ sunt in aliena potestate. Nam qui ex me et uxore mea nascitur, in mea potestate est : item qui ex filio meo et uxore ejus nascitur, id est nepos meus et neptis, æque in mea sunt potestate : et pronepos et proneptis et deinceps cæteri. (D. 1, 6, 4. Fr. Ulp.) *V. Familia, Materfamilias.*

PATRIA POTESTAS, *V. Potestas.*

PATRIMONIORUM MUNERA, *V. Munera.*

PATRONUS.

*Patroni* appellatione et patrona continetur. (D. 50, 16, 52. Fr. Ulp.)

PATRUELES, *V. Consobrini.*

PATRUUS.

*Patruus* est frater patris, qui Græce πἀραδελφος appellatur. (I. 3, 6, § 3.—D. 38, 10, 10, § 14. Fr. Paul.)

PATRUUS MAGNUS.

*Patruus magnus* est frater avi. (D. 38, 10, 10, § 15. Fr. Paul.)

PATRUUS MAJOR.

*Patruus major*, est proavi frater, patris vel matris patruus magnus. (*Ib.*, § 16.)

PATRUUS MAXIMUS.

*Patruus maximus*, is est abavi frater, atavi et ataviæ filius, patris vel matris patruus major. (*Ib.*, § 17.)

PAULIANA (ACTIO).

*Pauliana*, per quam quæ in fraudem creditorum alienata sunt, revocantur, fructus (quoque) restituuntur. (D. 22, 1, 38, § 4. Fr. Paul.)

PAUPERIES.

Ait Prætor, SI QUADRUPES PAUPERIEM FECISSE DICETUR. *Pauperies* est damnum sine injuria facientis datum : nec enim potest animal injuria fecisse quod sensu caret. (D. 9, 1, 1. Fr. Ulp.)

PAX, *V. Pactum, Pactio.*

PECULATUS.

Labeo *peculatum* definit, pecuniæ publicæ aut sacræ furtum, non ab eo factum cujus periculo fuit. (D. 48, 13, 9, § 2. Fr. Paul.)

PECULIO (DE) ACTIO.

Introducta est actio *de peculio*, deque eo quod in rem patris dominive versum erit, ut quamvis sine voluntate patris dominive negotium gestum erit, tamen sive quid in rem ejus versum fuerit, in totum præstare debeat; sive quid non sit in rem ejus versum, id catenus præstare debeat quatenus peculium patitur. *In rem* autem patris dominive *versum* intelligitur, quidquid necessario in rem ejus impenderit filius servusve. (Gaii C. IV, § 75.)

PECULIUM.

*Peculium* dictum est quasi pusilla pecunia sive patrimonium pusillum.

*Peculium* autem Tubero quidem sic definit ....., quod servus domini permissu, separatum a rationibus dominicis habet, deducto inde si quid domino debetur. (D. 15, 1, 5, §§ 3 et 4. Fr. Ulp.)

Definitio *peculii*, quam Tubero exposuit, (ut) Labeo ait, ad *vicariorum* pecula non pertinet. Quod falsum est : nam eo ipso, quod dominus servo peculium constituit, etiam vicario constituisse existimandus est. (D. 15, 1, 6. Fr. Cels.) *V. Merx peculiaris.*

PECULIUM, BONA.

Paterfamilias liber *peculium* non potest habere, quemadmodum nec servus *bona*. (D. 50, 16, 182. Fr. Ulp.)

PECULIUM ADVENTITIUM.

Si quis filiusfamilias .... aliquid sibi acquisierit, non ex ejus substantia, cujus in potestate sit, sed *ab aliis quibuscunque causis*..... eas suis parentibus non in plenum sicut antea fuerat sancitum, sed usque ad usumfructum solum acquirat,... dominium autem filiusfamilias inhæreat. (C. 6, 61, 6. Justiniani.)

### PECULIUM CASTRENSE.

*Castrense peculium*, est quod a parentibus vel cognatis in militia agenti donatum est : vel quod ipse filiusfamilias in militia adquisiit, quod, nisi militaret, adquisiturus non fuisset : nam quod erat et sine militia adquisiturus, id peculium ejus castrense non est. (D. 49, 17, 11. Fr. Macer.)

*Castrense peculium* est quod in castris adquiritur, vel quod proficiscenti ad militiam datur. (Paul. Sent. 3, 4, 3.)

### PECULIUM UT CASTRENSE.

Omnes Palatinos, quos edicti nostri jamdudum certa privilegia superfundunt, rem, si quam, dum in Palatio nostro morantur, vel parsimonia propria quæsierint, vel donis nostris fuerint consecuti: *ut castrense peculium* habere præcipimus. (C. 12, 31, 1.)

### PECUNIA.

*Pecuniæ* verbum non solum numeratam pecuniam complectitur : verum omnem omnino pecuniam, hoc est omnia corpora. Nam corpora quoque appellatione pecuniæ contineri, nemo est qui ambiget. (D. 50, 16, 178. Fr. Ulp.)

*Pecuniæ* nomine non solum numerata pecunia; sed omnes res, tam soli, quam mobiles, et tam corpora, quam jura continentur. (D. 50, 16, 222. Fr. Hermog.)

Tantum quisque pecuniæ relinquit, quantum ex bonis ejus refici potest : sic, dicimus, centies aureorum habere, qui tantum in prædiis, cœterisque similibus rebus habeat. Non idem est in fundo alieno legato, quanquam in hereditaria pecunia parari potest : neque quisquam eum, qui pecuniam numeratam habet, habere dicit, quidquid ex ea parari potest. (D. 50, 16, 88. Fr. Cels.)

Cum stipulamur, *quanta pecunia ex hereditate Titii ad te pervenerit*, res ipsas, quæ pervenerunt, non pretia earum spectare videmur. (D. 50, 16, 97. Fr. Cels.) *V. Pecunia credita*, *Res.*

### PECUNIA CREDITA.

*Pecuniam creditam* dicimus non solum eam quam credendi causa damus, sed omnem quam, tunc cum contrahitur obligatio, certum est debitum iri, id est, quæ sine ulla conditione deducitur in obligationem. Itaque et ea pecunia quam in diem certum dari stipulamur, eodem numero est, quia certum est eam debitum iri, licet post tempus petatur.

Appellatione autem *pecuniæ*, omnes res in ea lege (Cornelia) significantur : si itaque vinum vel frumentum, et si fundum vel hominem stipulemur, hæc lex observanda est. (Gaii C. 3, § 124.) *V. Res*, *pecunia.*

## PECUNIA REDACTA.

*Redactam (pecuniam)* sic accipiemus, non solum jam exactam, verum et si exigi potuit, nec exacta est. (D. 5, 3, 20, § 15. Fr. Ulp.)

## PECUNIA SOLUTA.

*Solutam pecuniam* accipiendum, non solum si ipsi, cui obligata res est, sed et si alii sit soluta voluntate ejus, vel ei, cui heres extitit, vel procuratori ejus, vel servo pecuniis exigendis præposito. (D. 13, 7, 11, § 5. Fr. Ulp.)

## PECUNIAM ACCIPERE.

*Pecuniam accepisse* dicemus, etiam si aliquid pro pecunia acceptum. (D. 3, 6, 1, § 4.)

## PECUS.

..... Quadrupedes quæ *pecudum* numero sunt et gregatim habentur : veluti oves, capræ, boves, equi, muli, asini. Sed, an sues *pecudum* appellatione continentur, quæritur? Et recte Labeoni placet, contineri : sed canis inter pecudes non est. Longe magis bestiæ in eo numero non sunt, veluti ursi, leones; pantheræ. (D. 9, 2, 2, § 2. Fr. Gaii.) *V. Jumentum.*

## PELLEX.

Libro memoralium Massurius scribit *pellicem* apud antiquos eam habitam, quæ, cum uxor non esset, cum aliquo tamen vivebat, quam nunc vero nomine *amicam*, Paulo honestiore *concubinam* appellari. Granius Flaccus in libro de jure Papiriano scribit, pellicem nunc vulgo vocari, quæ cum eo, cui uxor sit, corpus misceat : quosdam eam, quæ uxoris loco sine nuptiis in domo sit, quam παλλακὴν Græci vocant. (D. 50, 16, 144. Fr. Paul.)

*Pellices* nunc quidem appellantur alienis succubentes non solum feminis sed etiam mares. Antiqui eam proprie pellicem nominabant, qùæ uxorem habenti nubebat. (XII, Tab. Fragm. Tit. 27.)

PENES, APUD.

*Penes* te amplius est, quam *apud* te : nam *apud te* est, quod qualiter a te teneatur : *penes te* est, quòd quodammodo possidetur. (D. 50, 16, 63. Fr. Ulp.)

PENUS.

Qui *penum* legat, quid legato complectatur videamus. Et Quintus Mucius scribit lib. II Juris civilis, penu legata contineri, quæ esui potuique sunt..... Sed Aristo notat, etiam quæ esui potuique non sunt, contineri legato : ut puta ea, in quibus esse solemus : oleum forte, garum, muria, mel, cæteraque his similia. (D. 33, 9, 3. Fr. Ulp.)

Nomen autem *penus* mihi traditum est omnibus generibus dictum. (*Ib*. 4. Fr. Paul.) *V*. *Alimenta*.

PERDUELLES, *V*. *Hostes*.

PEREMPTORIUM EDICTUM, *V*. *Contumax*.

PERFICERE ÆDIFICIUM.

*Perfecisse ædificium* is videtur, qui ita consummavit, ut jam in usu esse possit. (D. 50, 16, 139, § 1. Fr. Ulp.)

PERISSE.

Marcellus apud Julianum notat, verbo *perisse*, et scissum et fractum contineri, et vi raptum. (D. 50, 16, 9. Fr. Ulp.)

PERNOCTARE EXTRA URBEM.

*Pernoctare extra urbem* intelligendus est, qui nulla parte noctis in urbe est. *Per* enim totam noctem significat. (D. 50, 16, 166, § 1. Fr. Pompon.)

PERSECUTIO, *V. Actio in personam.*

PERSEQUI.

*Persequi* videtur et qui satis accepit. (D. 50, 16, 57, § 1. Fr. Paul.)

PERSONA, *V. Homo.*

PERSONÆ SPECIOSÆ.

*Speciosas personas* accipere debemus clarissimas personas utriusque sexus : item eorum, qui ornamentis senatoriis utuntur. (D. 50, 16, 100. Fr. Ulp.) *V. Clarissimæ feminæ.*

PERSUADERE.

*Persuadere* est plus quam compelli, atque cogi sibi parere. Sed persuadere τον μέσων εἶιν, id est, *ex mediis* (1) (scilicet *verbis*) *est*.: nam et bonum consilium quis dando potest suadere, et malum. (D. 11, 3, 1, § 3. Fr. Ulp.)

PERTINERE.

Verbum illum *pertinere* latissime patet : nam et eis rebus petendis aptum est, quæ dominii nostri sunt, et eis, quas jure aliquo possideamus, quamvis non sint nostri dominii : pertinere ad nos etiam ea dicimus, quæ in nulla eorum causa sint, sed esse possint. (D. 50, 16, 181. Fr. Pompon.)

PERVENIRE, *V. Habere.*

PERVENISSE.

*Pervenisse* ad te recte dicitur, quod per te ad alium pervenerit, ut in hereditate, a liberto per patronum filiumfamilias patri ejus adoptivo adquisita, responsum est. (D. 50, 16, 171. Fr. Pompon.)

PETERE, *V. Amplius non peti.*

PETITIO, *V. Actio, Actio in personam.*

PETITORIA FORMULA, *V. Formula.*

PIACULUM COMMITTERE.

Qui corpus perpetuæ sepulturæ traditum, vel ad tempus alicui loco commendatum, nudaverit et solis radiis ostenderit, *piaculum committit* (Paul. Sent. 1, 21, § 4.)

---

(1) *V. Venenum malum.*

## PIGNUS.

*Pignus* appellatum a *pugno* : quia res quæ pignori dantur, manu traduntur : unde etiam videri potest, verum esse, quod quidam putant, pignus proprie rei mobilis constitui. (D. 50, 16, 238. Fr. Gaii.)

## PIGNUS, HYPOTHECA.

Inter *pignus* et *hypothecam* tantum nominis sonus differt. (D. 20, 1, 5, § 1, Fr. Marc.)

Proprie *pignus* dicimus, quod ad creditorem transit : *hypothecam*, cum non transit nec possessio ad creditorem. (D. 13, 7, 9, § 2. Fr. Ulp.)

## PLEBISCITUM.

*Plebiscitum* est, quod *plebs* jubet atque constituit. (Gaii C. 1, § 3.)

....... Cum esset in civitate lex Duodecim Tabularum, et jus civile : essent et legis actiones : evenit ut plebs in discordiam cum patribus perveniret, et secederet, sibique jura constitueret, quæ jura *plebiscita* vocantur.

Mox cum revocata est plebs : quia multæ discordiæ nascebantur de his plebiscitis, pro legibus placuit et ea observari, lege Hortensia : et ita factum est, ut inter plebiscita et legem species constituendi interessent : potestas autem eadem esset. (D. 1, 2, 2, § 8. Fr. Pompon.)

PLEBS.

*Plebs* est cæteri cives sive senatoribus. (D. 50, 16, 238. Fr. Gaii.)

*Plebs* autem a *populo* eo distat, quod *populi* appellatione universi cives significantur, connumeratis etiam patriciis; *plebis* autem appellatione sine patriciis cæteri cives significantur. (Gaii C. 1, § 3.)

PLENA DEFENSIO, *V. Defendere.*

PLURISVE.

Hæc adjectio, *plurisve*, non infinitam pecuniam continet, sed modicam, ut taxatio hæc, *solidos decem plurisve*, ad minutulam summam referatur. (D. 50, 16, 192. Fr. Ulp.)

PLUS PETITIO.

Si quis agens in intentione sua *plus* complexus fuerit quam ad eum pertineat, causa cadebat, id est rem amittebat; nec facile in integrum a Prætore restituebatur, nisi minor erat viginti quinque annis.

*Plus* autem quatuor modis *petitur*, re, tempore, loco, causa.

*Re*, veluti si quis, pro decem aureis qui ei debebantur, viginti petierit.

*Tempore*, veluti si quis ante diem, vel ante conditionem petierit.

*Loco* plus petitur, veluti cum quis id quod certo loco sibi stipulatus est, alio loco petit......

*Causa* plus petit, ut ecce : si quis ita a te stipuletur, HOMINEM STICHUM AUT DECEM AUREOS DARE SPONDES ? Deinde alterutrum petat, veluti hominem tantum aut decem aureos tantum. (I. 4, 6, § 33.)

### PŒNA, MULTA.

Si qua pœna est, multa est : si qua multa est, pœna est. Paulus : utrumque eorum falsum est : namque earum rerum dissimilitudo ex hoc quoque apparet, quod de pœna provocatio non est : simul atque enim victus quis est ejus maleficii, cujus pœna est statuta, statim ea debetur : at multæ provocatio est, nec ante debetur, quam aut non est provocatum, aut provocator victus est ; nec aliter, quam si is dixit, cui dicere licet. Ex hoc quoque earum rerum dissimilitudo apparere poterit : quia pœnæ certæ singulorum peccatorum sunt : multæ contra ; quia ejus judicis potestas est, quantam dicat, (nisi cum lege est constitutum, quantam dicat.) (D. 50, 16, 244. Fr. Lab.) *V. Fraus.*

### POLLICITATIO, *V. Pactum.*

### POMUM.

Qui fundum vendidit, *pomum* recepit : nuces et ficos, et uvas duntaxat duracinas, et purpureas, et quæ ejus generis essent, quas non vini causa haberemus, quas Græci τρωξίμους, id est, *comestibiles* appellarent, recepta videri. (D. 50, 16, 205. Fr. Paul.)

POPULARIS ACTIO, *V. Actio popularis.*

POPULUS, *V. Plebs.*

PORTARI, *V. Ferri.*

PORTUS, ANGIPORTUS.

*Portus* appellatus est conclusus locus, quo importantur merces, et inde exportantur : eaque nihilominus *statio* est conclusa, atque munita : inde *angiportum* dictum est. ( D. 50, 16, 59. Fr. Ulp. ) *V. Statio.*

POSSESSIO.

*Possessio* appellata est ( ut et Labeo ait ) a sedibus, quasi *positio* : quia naturaliter tenetur ab eo, qui ei insistit : quam Græci κατοχὴν dicunt. ( D. 41, 2, 1. Fr. Paul. ) *V. Fundus.*

Genera possessionis tot sunt, quot et causæ adquirendi ejus, quod nostrum non sit : velut *pro emptore, pro donato, pro legato, pro dote, pro herede, pro noxæ dedito, pro suo.* Sicut in his, quæ terra, marique, vel ex hostibus capimus, vel quæ ipsi, ut in rerum natura essent, fecimus. Et in summa magis unum genus est possidendi, species infinitæ. ( D. 41, 2, 3, § 21. Fr. Paul. )

POSSESSIO.

Interdum proprietatem quoque verbum *possessionis* significat : sicut in eo, qui possessiones suas legasset, responsum est. (D. 50, 16, 78. Fr. Paul.)

## POSSESSOR.

*Possessor* autem is accipiendus est, qui in agro, vel civitate rem soli possidet : aut ex asse, aut pro parte. Sed et qui vectigalem, id est emphyteuticum agrum possidet, possessor intelligitur. Item qui solam proprietatem habet, possessor intelligendus est. Eum vero, qui tantum usumfructum habet, possessorem non esse Ulpianus scripsit. ( D. 2, 8, 15, § 1. Fr. Macer. )

## POSSIDERE.

*Possidere* videtur, non solum si ipsi possideamus, sed etiam si nostro nomine aliquis in possessionem sit, licet is nostro juri subjectus non sit, qualis est colonus et inquilinus. (Gaii C. IV, § 153.) *V. Clam possidere.*

## POSTERIORES, *V. Majores.*

## POSTHUMI.

*Posthumos* autem dicimus eos (duntaxat), qui post mortem parentis nascuntur. Sed et hi, qui post testamentum factum in vita nascuntur. ( D. 28, 3, 3, § 1. Fr. Ulp. ) *V. Filia posthuma.*

## POSTHUMORUM LOCO.

*Posthumorum loco* sunt et hi, qui in sui heredis loco succedendo, quasi adgnascendo fiunt parentibus sui heredes. ( D. 28, 3, 13. Fr. Gaii. )

POSTHUMUS ALIENUS.

Est autem *alienus postumus* qui natus inter suos heredes testatori futurus non est, ideoque ex emancipato quoque filio conceptus nepos extraneus..... (Gaii C. 2, § 241.)

POSTLIMINIUM.

*Postliminium* est jus amissæ rei recipiendæ ab extraneo, et in statum pristinum restituendæ, inter nos ac liberos populos regesque, moribus, legibus, constitutum. Nam quod bello amisimus, aut etiam citra bellum : hoc si rursus recipiamus, dicimur postliminio recipere. (D. 49, 15, 19. Fr. Paul.)

Dictum est *postliminium* a *limine* et *post*. Unde eum qui ab hostibus captus est, et in fines nostras postea pervenit, *postliminio reversum* recte dicimus. Nam limina sicut in domo finem quemdam faciunt, sic et imperii finem esse *limen* veteres voluerunt. Hinc et *limen* dictum est, quasi finis quidam et terminus. Ab eo *postliminium* dictum est ; quia ad idem limen revertebatur, quod amiserat. (I. 12, § 5.)

*Induciæ* sunt, cum in breve, et in præsens tempus convenit, ne invicem se lacessant : quo tempore non est postliminium. (D. 49, 15, 19, § 1. Fr. Paul.)

POSTLIMINIO REDISSE.

*Postliminio redisse* videtur cum in fines nostros

intraverit, siculi amittitur, ubi fines nostros excessit. (D. 49, 15, 19, § 3. Fr. Paul.)

POSTQUAM, V. *Cum*.

POSTULARE.

*Postulare* est, desiderium suum vel amici, in jure apud eum, qui jurisdictioni præest exponere : vel alterius desiderio contradicere. (D. 3, 1, 1, § 2. Fr. Ulp.)

POTESTAS.

*Potestatis* verbo plura significantur, in persona magistratuum *imperium*, in persona liberorum *patria potestas* : in persona servi *dominium*. (D. 50, 16, 215. Fr. Paul.)

*Potestatis* autem verbum non solum ad liberos, qui sunt in potestate, referendum est, verum etiam ad eum, quem redemit ab hostibus : quamvis placeat hunc servum non esse, sed vinculo quodam retineri, donec pretium solvat. (D. 28, 1, 20, § 1. Fr. Ulp.)

PRÆDIUM.

*Prædii* appellatione etiam pars continetur. (D. 23, 5, 13. Fr. Ulp.) *V. Fundus*.

PRÆDIUM DOTALE.

*Dotale prædium* sic accipimus, cum dominium marito quæsitum est : ut tunc domum alienatio prohibeatur. (D. 23, 5, 13, § 2. Fr. Ulp.)

### PRÆDIA ALIQUORUM.

*Prædia* dicimus *aliquorum*, non utique communiter habentium ea, sed (vel) alio aliud habente. (D. 50, 16, 96, § 1. Fr. Cels.)

### PRÆDIA COMMUNIA.

*Communia prædia* accipere debemus, si pro indiviso communia sint. (D. 27, 9, 5, § 16. Fr. Ulp.)

### PRÆDIA STIPENDIARIA.

*Stipendiaria* sunt ea quæ in his provinciis sunt, quæ proprie populi Romani esse intelliguntur. (Gaii C. II. § 21.)

### PRÆDIA TRIBUTARIA.

*Tributaria* sunt ea, quæ in his provinciis sunt, quæ proprie Cæsaris esse creduntur. *(Ibid.)*

### PRÆDIA URBANA.

*Urbana prædia*, omnia ædificia accipimus, non solum ea, quæ sunt in oppidis, sed et si forte stabula sunt, vel alia meritoria in villis, et in vicis: vel si prætoria voluptati tantum deservientia: quia urbanum prædium non locus facit, sed materia. Proinde hortos quoque, si qui sunt in ædificiis constituti, dicendum sit urbanorum appellatione contineri. Plane si plurimum horti in reditu sunt, vinearii forte, vel etiam olitorii, magis hæc non sunt urbana. (D. 50, 16, 198. Fr. Ulp.)

Ædificia urbana quidem *prædia* appellamus : cæterum, et si in villa ædificia sunt, æque servitutes urbanorum prædiorum constitui possunt. (D. 8, 4, 1. Fr. Ulp.)

PRÆDONES, *V. Hostes.*

PRÆDONIS LOCO.

*Prædonis loco* intelligendus est is, qui tacitam fidem interposuerit, ut non capienti restitueret hereditatem. (D. 5, 3, 46. Fr. Modest.)

PRÆSENS.

*Præsens* habetur et qui in hortis est. (D. 5, 3, 5. Fr. Ulp.)

PRÆSES.

*Præsidis* nomen generale est : eoque et proconsules, et legati Cæsaris, et omnes provincias regentes, licet senatores sint, *præsides* appellantur : *proconsulis* appellatio specialis est. (D. 1, 18, 1. Fr. Macer.)

PRÆTOR URBANUS, PRÆTOR PEREGRINUS.

Cumque consules avocarentur bellis finitimis : neque esset, qui in civitate jus reddere posset : factum est, ut *Prætor* quoque crearetur, qui *urbanus* appellatus est, quod in *urbe* jus redderet.

Post aliquot deinde annos, non sufficiente eo Prætore, quod multa turba etiam peregrinorum in civitatem veniret, creatus est et alius *Prætor*, qui *pere-*

*grinus* appellatus est, ab eo, quod plerumque inter *peregrinos* jus dicebat. (D. 1, 2, 2, §§ 27 et 28. Fr. Pompon.)

PRÆVARICARI, *V. Calumniari.*

PRÆVARICATOR.

*Prævaricator* est quasi varicator, qui diversam partem adjuvat prædita causa sua. Quod nomen Labeo a varia certatione tractum ait. Nam qui prævaricatur, ex utraque parte constitit, quinimo ex altera.

Is autem *prævaricator* proprie dicitur, qui publico judicio accusaverit : cœterum advocatus non proprie prævaricator dicitur. Quid ergo de eo fiet, sive privato judicio sive publico prævaricatus sit, hoc est (prodiderit causam), hic extra ordinem solet puniri.

*Prævaricatorem* eum esse ostendimus, qui colludit cum reo : et translatitie munere accusandi defungitur : eo quod proprias quidem probationes dissimularet, falsas vero (rei) excusationes admitteret. (D. 47, 15, 1. Fr. Ulp. — D. 3, 2, 4, § 4. Fr. Ulp. — D. 50, 16, 212. Fr. Ulp. — D. 48, 16, 1, § 6. Fr. Marc.)

PRATUM.

*Pratum*, in quo ad fructum percipiendum falce duntaxat opus est : ex eo dictum, quod paratum sit ad fructum capiendum. (D. 50, 16, 31. Fr. Ulp.)

### PRECARIUM.

*Precarium* est quod precibus petenti utendum conceditur ( tamdiu ) quamdiu is, qui concessit, patitur.

Et distat ( precarium ) a donatione, eo quod qui donat, sic dat, ne recipiat : at qui precario concedit, sic dat, quasi tunc recepturus, cum sibi libuerit precarium solvere.

Et est simile commodato : nam et qui commodat rem, sic commodat, ut non faciat rem accipientis; sed ut ei uti re commodata permittat. ( D. 43, 26, 1. Fr. Ulp. ) *V. Habere precario.*

### PRIMIPILARII.

*Primipilarii* hi existimantur qui exercent primum pilum. ( D. 27, 1, 8, § 12. Fr. Modest. )

### PRIVIGNUS, PRIVIGNA.

*Privignus* etiam is est, qui vulgo conceptus ex ea natus est, quæ postea mihi nupsit : æque et is qui, cum in concubinatu erat mater ejus, natus ex ea est, eaque postea alii nupta sit. ( D. 38, 10, 7. Fr. Scæv. )

*Privigna* non solum ea mihi intelligitur, quæ uxoris meæ filia est, sed et neptis, et proneptis. ( D. 23, 2, 14, § 4. Fr. Paul. ) *V. Noverca.*

### PROAVUS, PROAVIA, *V. Avus.*

## PROBRUM, OPPROBRIUM.

*Probrum* et *opprobrium*, id est, probra quædam natura turpia sunt, quædam civiliter, et quasi more civitatis : ut puta furtum, adulterium natura turpe est : enimvero tutelæ damnati, hoc non natura probrum est, sed more civitatis : nec enim natura probrum est, quod potest etiam in hominem idoneum incidere. (D. 50, 16, 42. Fr. Ulp.)

## PROCINCTUS.

*Procinctus* est expeditus et armatus exercitus. (Gaii C. 2, § 101.)

## PROCURATOR.

*Procurator* est, qui aliena negotia mandatu domini administrat. (D. 3, 3, 1. Fr. Ulp. — D. 46, 7, 3, § 2. Fr. Ulp.)

Neratius *procuratorem* accipiendum (in actione redhibitoria) ait, non quemlibet, sed cui universa negotia, aut idipsum, propter quod deterius factum sit, mandatum est. (D. 21, 1, 25, § 3. Fr. Ulp.)

*Verum (procuratorem)* accipere debemus eum, cui mandatum est vel specialiter, vel cui omnium negotiorum administratio mandata est. (D. 46, 3, 12. Fr. Ulp.)

## PRODIGUS.

Qui neque tempus, neque finem expensarum habet, sed bona sua dilapidando et dissipando profundit. (D. 27, 10, 1. Fr. Ulp.)

PRO DONATO USUCAPERE.

*Pro donato* is usucapit, cui donationis causa res tradita est. (D. 41, 6, 1. Fr. Paul.)

PRO EMPTORE POSSIDERE.

*Pro emptore* possidet, qui revera emit. Non sufficit, tantum in opinione esse eum, ut putet se pro emptore possidere : sed debet etiam subesse causa emptionis. (D. 41, 4, 2. Fr. Paul.)

PROJECTUM, IMMISSUM.

Inter *projectum* et *immissum* hoc interesse ait Labeo : quod *projectum* esse id : quod ita proveheretur, ut nusquam requiescèret, qualia mœniana, et suggrunda essent : *immissum* autem, quod ita fieret, ut aliquo loco requiesceret, veluti tigna, trabes, quæ immiterentur. (D. 50, 16, 242, § 1. Fr. Javol.)

PROMISSUM, *V. Dictum.*

PRONUNTIARE, STATUERE.

*Pronuntiatum* et *statutum* idem potest, promiscue enim et pronuntiasse et statuisse solemus dicere eos, qui jus habent cognoscendi. (D. 50, 16, 46. Fr. Ulp.)

PROPRIETAS.

Nihil commune habét *proprietas* cum possessione. (D. 41, 2, 12, § 1. Fr. Ulp.) *V. Dominium.*

### PROSCRIBERE PALAM.

*Proscribere palam* sic accipimus, claris litteris, unde de plano recte legi possit, ante tabernam scilicet vel ante eum locum, in quo negotiatio exercetur, non in loco remoto, sed in evidenti. (D. 14, 11, § 3. Fr. Ulp.)

### PROSPECTUS, *V. Lumen.*

### PROVINCIALES.

*Provinciales* eos accipere debemus, qui in provincia domicilium habent, non eos, qui ex provincia oriundi sunt. (D. 50, 16, 190. Fr. Ulp.)

### PROXIME PRÆTEXTATI.

*Proxime* ætatem *prætextati* accidere eum dicimus, qui puberum ætatem nunc ingressus est. (D. 43, 30, 3, § 6. Fr. Ulp.)

### PROXIMUS, PROXIMUS ADGNATUS.

*Proximi* appellatione etiam ille continetur qui solus est. (D. 50, 16, 153. Fr. Lic. Ruf. — D. 38, 8, 1, § 5. Fr. Ulp.)

*Proximus adgnatus* intelligitur etiam, qui solus est. (D. 31, 8, 9. Fr. Tryphon.)

### PROXIMUS, SUPREMUS.

*Proximus* est cui nemo antecedit : *supremus* est cui nemo sequitur. (D. 50, 16, 92. Fr. Paul.)

### PUBER.

Nostri præceptores *puberem* eum esse putant,

qui habitu corporis pubertatem ostendit, hoc est qui generare potest; sed diversæ scholæ auctores annis putant pubertatem æstimandam, id est eum *puberem* esse existimant, qui XIV annos explevit. (Gaii C. I, § 196.)

PUBLICA BONA, *V. Bona publica.*

PUBLICA JUDICIA, *V. Judicia.*

PUBLICANUS.

*Publicani* sunt, qui publico fruuntur : nam inde nomen habent, sive fisco vectigal pendant, vel tributum consequantur; et omnes qui quid a fisco conducunt recte appellantur *publicani*. (D. 39, 4, 1, § 1, et 12, § 3. Fr. Ulp. — D. 50, 16, 16. Fr. Gaii.)

PUBLICIANA ACTIO.

Inventa est a Prætore actio, in qua dicit is, qui possessionem amisit, eam rem se usucepisse quam usu non cepit, et ita vendicat suam esse : quæ actio *publiciana* appellatur, quoniam primum a Publicio Prætore, in edicto proposita est. (I. 4, 6, § 4.)

PUBLICUM LITUS, *V. Litus.*

PUBLICUM VECTIGAL.

*Publica vectigalia* intelligere debemus, ex quibus vectigal fiscus capit : quale est vectigal portus, vel venalium rerum : item salinarum, et metallorum, et piscariarum. (D. 50, 16, 17, § 1. Fr. Ulp.)

PUBLICUS LOCUS, *V. Locus publicus*

PUER.

*Pueri* appellatio tres significationes habet : unam, cum omnes servos pueros appellamus : alteram, cum puerum contrario nomine puellæ diceremus : tertiam, cum ætatem puerilem demonstraremus. (D. 50, 16, 204. Fr. Paul.)

PUER, PUERPERA.

*Pueri* appellatione etiam puella significatur : nam et feminas *puerperas* appellant recentes ex partu, et Græce παιδίον communiter appellatur. (D. 50, 16, 163. § 1. Fr. Paul.)

PULSATIO, VERBERATIO.

Inter *pulsationem* et *verberationem* hoc interest, ut Ofilius scribit : *verberare* est, cum dolore cædere, *pulsare*, sine dolore. (D. 47, 10, 5, § 1. Fr. Ulp.)

PUPILLUS.

*Pupillus* est qui cum impubes est, desiit in patris potestate esse aut morte, aut emancipatione. (D. 50, 16, 239. Fr. Pompon.)

Non est *pupillus*, qui in utero est. (D. 50, 16, 161. Fr. Ulp.)

PURGARI VIAM, *V. Via.*

PURUS LOCUS, *V. Locus purus.*

PUTEAL, *V. Ædes.*

# Q

## QUADRANS, *V. As.*

## QUÆSTIO.

*Quæstionem* intelligere debemus tormenta, et corporis dolorem ad eruendam veritatem.

*Quæstionis* verbo etiam ea, quam malam mansionem dicunt, continebitur. Cum igitur per vim, et tormenta, habita quæstio est, tunc quæstio intelligitur. (D. 47, 10, 15, § 41. Fr. Ulp.)

## QUÆSTORES.

A genere quærendi *Quæstores* initio dictos, et Junius, et Trebatius, et Fenestella scribunt. (D. 1, 13, 1, § 1. Fr. Ulp.)

## QUÆSTORES ÆRARII.

...... Cum ærarium populi auctius esse cœpisset : ut essent qui illi præessent, constituti sunt Quæstores (qui pecuniæ præessent) : dicti ab eo, quod inquirendæ, et conservandæ pecuniæ causa creati erant. (D. 1, 2, 2, § 22. Fr. Pompon.)

## QUÆSTORES PARRICIDII.

..... Et quia ..... de capite civis romani injussu populi, non erat lege permissum Consulibus, jus dicere : propterea Quæstores constituebantur a populo, qui capitalibus rebus præessent : hi appellabantur *Quæstores parricidii* : quorum etiam meminit lex Duodecim Tabularum. (D. 1, 2, 2, § 23. Fr. Pompon.)

QUÆSTUS.

Coiri societatem et simpliciter licet : et si non fuerit distinctum, videtur coita esse universorum, quæ ex quæstu veniunt, hoc est, si quod lucrum ex emptione, venditione, locatione, conductione descendit. (*Quæstus* enim intelligitur, qui ex opera cujusque descendit.) (D. 17, 2, 7. Fr. Ulp. — 8. Fr. Paul.)

QUANTI ERIT, QUANTI ESSE PARET.

Inter hæc verba, *quanti ea res erit*, vel *quanti eam rem esse paret*, nihil interest : in utraque enim clausula placet veram rei æstimationem fieri. (D. 50, 16, 179. Fr. Ulp.)

QUANTI PARET ESSE.

Hæc verba, *quanti eam rem paret esse*, non ad quod interest, sed ad rei æstimationem referuntur. (D. 50, 16, 193. Fr. Ulp.)

QUANTO MINUS.

Si ita a te stipulatus fuero, *quanto minus a Titio consecutus fuero, tantum dare spondes?* Non solet dubitari quin, si nihil a Titio fuero consecutus, totum debeas, quod Titius debuerit. (D. 50, 16, 150. Fr. Gaii.)

QUASI SERVIANA, *V. Serviana.*

QUI EST IN UTERO.

Intelligendus est mortis tempore fuisse, qui in utero relictus est. (D. 50, 16, 153. Fr. Ter. Clem.)

QUI MORTUI NASCUNTUR.

Qui mortui nascuntur neque nati, neque procreati, videntur : quia nunquam liberi appellari potuerunt. (D. 50, 16, 129. Fr. Paul.)

QUINCUNX, *V. As.*

QUIRITES, *V. Jus Quiritum.*

QUISQUE.

Hoc articulo *quisque* omnes significantur. (D. 28, 5, 29. Fr. Pompon.)

QUORUM BONORUM (INTERDICTUM).

Adipiscendæ possessionis causa interdictum accommodatur bonorum possessori, quod appellatur *quorum bonorum*, ejusque vis et potestas hæc est : ut quod ex his bonis quisque quorum possessio alicui data est, pro herede aut pro possessore possideat : id ei cui bonorum possessio data est, restituere debeat. (I. 4, 15. — D. 43, 2.)

QUOTANNIS, QUOT-DIEBUS. (In leg. et fideic.)

Pomponius scribit : nihil interesse utrum in annos singulos vel *quotannis*, an in singulos menses vel *quot-mensibus*, an in singulos dies vel *quot-diebus* legetur. (D. 36, 2, 12, § 6. Fr. Ulp.)

# R

Appius Claudius R literam invenit : ut pro Valesii Valerii essent, et pro Fusiis Furiis. (D. 1, 2, 2, § 36. Fr. Pompon.)

## RAPI, AMOVERI.

Aliud esse *rapi*, aliud *amoveri*, palam est : si quidem amoveri aliquid etiam sine vi possit, rapi autem sine vi non potest. (D. 47, 9, 3, § 5. Fr. Ulp.) *V. Amoveri.*

## RATIO.

*Rationem* esse Labeo ait, ultro, citro dandi, accipiendi, credendi, obligandi, solvendi sui causa negotiationem. (D. 2, 13, 6, § 3. Fr. Ulp.)

## RATIONES REDDERE.

*Rationes reddere*, nihil aliud....., quam reliqua solvere. (D. 35, 1, 32. Fr. Afr.)

## RATUM HABERE, *V. Rem ratam haberi.*

## RECTE DEFENDI.

*Recte defendi*, hoc est, judicium accipere, vel per se, vel per alium, sed cum satisdatione : nec ille videtur defendi, qui, quod judicatum est, non solvit. (D. 5, 1, 63. Fr. Ulp.)

RECTE RESTITUI.

Hæc verba in stipulatione posita, *eam rem recte restitui*, fructus continent. *Recte* enim verbum pro viri boni arbitrio est. (D. 50, 16, 73. Fr. Ulp.)

RECUPERANDÆ POSSESSIONIS CAUSA (INTERDICTUM).

*Recuperandæ possessionis causa* solet interdictum dari, si quis vi dejectus sit.... (Gaii C. IV, § 154.)

REDDERE.

Verbum *reddendi* quamquam significatum habet retro dandi, recipit tamen et per se dandi significationem. (D. 50, 16, 94. Fr. Cels.)

REDDERE RATIONES, *V. Edere, Rationes reddere.*

REDHIBERE, REDHIBITIO.

*Redhibere* est, facere ut rursus habeat venditor quod habuerit: et, quia reddendo id fiebat, idcirco *redhibitio* est appellata, quasi redditio. (D. 21, 1, 21. Fr. Ulp.)

REFICERE.

...... Ait Prætor *reficere, purgare. Reficere* est, quod corruptum est, in pristinum statum restaurare. Verbo *reficiendi* tegere, substruere, sarcire, ædificare, item advehere, adportareque ea; quæ ad eamdem rem opus essent, continentur. (D. 43, 21, 1, § 6. Fr. Ulp.)

REFICERE VIAM, *V. Via.*

REGIA, *V. Lex regia.*

REGULA.

*Regula* est, quæ rem, quæ est, breviter enarrat. Non ut ex regula jus sumatur, sed ex jure, quod est regula fiat. Per regulam igitur brevis rerum narratio traditur, et (ut ait Sabinus) quasi causæ conjectio est : quæ, simul cum in aliquo vitiata est, perdit officium suum. (D. 50, 17, 1. Fr. Paul.)

REI CAPITALIS DAMNATUM.

*Rei capitalis damnatum* sic accipere debemus, ex qua causa damnato vel mors, (vel) etiam civitatis amissio, vel servitus contingit. (D. 48, 19, 2. Fr. Ulp.)

RELEGATUS.

*Relegatus* est is, cui provincia vel Roma, vel continentibus ejus perpetuo, vel ad tempus interdicitur. Magna differentia est inter deportationem et relegationem; nam deportatio civitatem et bona adimit, relegatio neutrum tollit, nisi specialiter bona publicentur. (D. 48, 22, 14. Fr. Ulp.) *V. Deportatus.*

RELIGIOSUS LOCUS, *V. Locus religiosus.*

RELIQUI.

Potest *aliquorum* appellatio et universos significare. (D. 50, 16, 93. Fr. Marc.) *V, Cœteri, reliqui.*

REM HABERE LICERE.

*Habere licere rem* videtur emptor, et si is, qui

emptorem in evictione rei vicerit, ante ablatam vel abductam rem sine successore decesserit : ita ut neque ad fiscum bona pervenire possint, neque privatim a creditoribus distrahi : tunc enim nulla competit emptori ex stipulatu actio : quia rem habere ei licet. (D. 21, 2, 57. Fr. Gaii.)

REM RATAM HABERI.

*Rem haberi ratam*, hoc est, comprobare adgnoscereque quod actum est a falso procuratore. (D. 46, 8, 12, § 1. Fr. Ulp.)

RE OBLIGARI.

*Re* obligamur cum res ipsa intercedit. (D. 44, 7, 25, § 1. Fr. Modest.)

REPLICATIO, TRIPLICATIO.

*Replicationes* nihil aliud sunt quam exceptiones, et a parte actoris veniunt. Quæ quidem ideo necessariæ sunt ut exceptiones excludant : semper enim replicatio idcirco objicitur, ut exceptionem oppugnet.

Sed et contra replicationem solet dari *triplicatio*, et contra triplicationem rursus, et deinceps multiplicantur nomina : dum aut reus, aut actor objicit. (D. 44, 1, 2, §§ 1 et 3. Fr. Ulp. — Gaii C. 4, §§ 126, 127 et seq.)

REPUDIUM, V. *Divortium*.

RES.

*Rei*..... verbum..... generale. (D. 12, 1, 1. Fr. Ulp.)

Appellatio *rei* non genus, sed speciem significat. (D. 6, 1, 6. Fr. Paul.)

Appellatione *rei* pars etiam continetur. (D. 50, 16, 72. Fr. Paul.)

*Rei* appellatione et causæ et jura continentur. (D. 50, 16, 23. Fr. Ulp.)

RES, PECUNIA.

*Rei* appellatio latior est, quam *pecuniæ*, quæ etiam ea, quæ extra computationem patrimonii nostri sunt, continet : cum pecuniæ significatio ad ea referatur, quæ in patrimonio sunt. (D. 50, 16, 5. Fr. Paul.)

RES CORPORALES, INCORPORALES.

*Corporales* (res) hæ sunt, quæ tangi possunt, veluti fundus, homo, vestis, aurum, argentum, et denique aliæ res innumerabiles. *Incorporales* sunt quæ tangi non possunt, qualia sunt ea quæ in jure consistunt, sicut hereditas, ususfructus, obligationes quoquo modo contractæ. (Gaii C. 2, § 12.)

RES JUDICATA.

*Res judicata* dicitur, quæ finem controversiarum pronunciatione judicis accipit : quod vel condemnatione vel absolutione contingit. (D. 42, 1, 1. Fr. Modest.)

RES MANCIPI.

*Mancipi* res sunt quæ per mancipationem ad alium transferuntur ; unde....... *mancipi* res sunt dictæ. (Gaii C. II, § 22.)

RES NEC MANCIPI.

*Nec mancipi* sunt, velut ursi, leones, item ea animalia quæ ferarum bestiarum numero sunt, velut elephantes et cameli..... Item fere omnia quæ incorporalia sunt, nec mancipi sunt, exceptis servitutibus prædiorum rusticorum ; nam hæc quidem mancipi res sunt, quamvis sint ex numero rerum incorporalium. ( Gaii C. II, § 16 et 17. )

RES NULLIUS.

*Nullius* autem sunt res sacræ, et religiosæ, et sanctæ, quod enim divini juris est, id nullius in bonis est. ( I. 2, 1, § 7. ) *V. Bona publica*.

RES SACRÆ.

*Sacræ* res sunt, quæ rite per Pontifices Deo consecratæ sunt : veluti ædes sacræ, et donaria, quæ rite ad ministerium Dei dedicata sunt :..... locus autem in quo ædes sacræ sunt ædificatæ, etiam diruto ædificio sacer adhuc manet, ut et Papinianus scripsit. (I. 2, 1, § 8.) *V. Sacra loca, sacrarium*.

RES UNIVERSITATIS.

*Universitatis* sunt, non singulorum, quæ in civitatibus sunt theatra, stadia, et si qua alia sunt communia civitatum. (I. 2, 1, § 6.)

## RESPONSA PRUDENTIUM.

*Responsa Prudentium* sunt sententiæ et opiniones eorum quibus permissum est jura condere : quorum omnium si in unum sententiæ concurrant, id quod ita sentiunt legis vicem obtinet; si vero dissentiunt, judici licet quam velit sententiam sequi, idque rescripto divi Hadriani significatur. (Gaii C., 1, § 7.)

## RESTITUERE.

*Restituere* videtur, qui in pristinum statum reducit, quod fit, sive quis tollit id, quod factum est : vel reponat, quod sublatum est : et interdum suo sumptu. (D. 43, 8, 2, § 43. Fr. Ulp.)

*Restituere* is videtur, qui id restituit, quod habiturus esset actor, si controversia ei facta non esset. (D. 50, 16, 75. Fr. Paul.)

Cum Prætor dicat, *ut opus factum restituatur*, etiam damnum datum actor consequi debet : nam verbo *restitutionis* omnis utilitas actoris continetur. (D. 50, 16, 81. Fr. Paul.)

*Restituere* autem is intelligitur, qui simul et causam actori reddit, quam is habiturus esset, si statim judicii accepti tempore res ei reddita fuisset, id est usucapionis causam, et fructum. (D. 50, 16, 35. Fr. Paul.)

RESTITUERE, EXHIBERE.

Plus est in restitutione, quam in exhibitione : nam *exhibere* est præsentiam corporis præbere; *restituere* est etiam possessionem facere, fructusque reddere : pleraque prætcrea restitutionis verbo continentur. (D. 50, 16, 22. Fr. Gaii.) *V. Exhibere*, *Recte restitui.*

RESTITUTIO INTEGRI.

*Integri restitutio* est redintegrandæ rei vel causæ actio. (Paul. Sent. 1, 7, § 1.)

REUS, *V. Actor.*

REUS STIPULANDI, REUS PROMITTENDI.

Qui stipulatur, *reus stipulandi* dicitur : qui promittit, *reus promittendi* habetur. (D. 45, 2, 1. Fr. Modest.)

RIPA.

*Ripa* ita recte definietur, id, quod flumen continet, naturalem rigorem cursus sui tenens. (D. 43, 12, 1, § 5. Fr. Ulp.)

*Ripa* ea putatur esse, quæ plenissimum flumen continet. (*Ib.* 3, § 1. Fr. Paul.)

RIVUS.

*Rivus* est locus per longitudinem depressus, quo aqua decurrat, cui nomen est ἀπὸ τοῦ ῥεῖν, id est *a fluendo*. (D. 43, 21, 1, § 2. Fr. Ulp.)

RIXA, *V. Turba.*

ROMA.

Qui in continentibus urbis nati sunt, Romæ nati intelliguntur. (D. 50, 16, 139. Fr. Terent. Clem.)

Ædificia Romæ fieri etiam ea videntur quæ in continentibus Romæ ædificiis fiant. (D. 50, 16, 147. Fr. Ulp.) *V. Urbs.*

ROMANI, *V. Jus Quiritum.*

RUMPERE.

*(Rupisse)* verbum fere omnes veteres sic intellexerunt, *corruperit.*

*Rupisse* eum utique accipiemus, qui vulneravit, vel virgis, vel loris, vel pugnis cecidit, vel telo, vel quo alio, ut scinderet alicui corpus, vel tumorem fecerit: sed ita demum, si damnum injuria datum est. (D. 9, 2, 27, §§ 13 et 17, F. Ulp.)

RUPTUM.

*Ruptum* intelligitur, quod quoquo modo corruptum est. Unde non solum fracta, aut usta, sed etiam scissa, et collisa, et effusa, et quoquo modo perempta, atque deteriora facta, hoc verbo continentur. (I. 4, 3, § 13.)

RUTA CÆSA.

In *rutis cæsis* ea sunt, quæ terra non tenentur, quæque opere structili, tectoriove non continentur. (D. 50, 16, 241. Fr. Q. Muc. Scæv.)

Si *ruta cæsa* excipiantur in venditione, ea placuit

esse *ruta*, quæ *eruta* sunt, ut arena, creta, et similia : *cæsa* ea esse, ut arbores cæsas, et carbones, et his similia. (D. 19, 1, 17, § 6. Fr. Ulp.)

---

# S

### SACRA LOCA

*Sacra loca* ea sunt quæ publice sunt dedicata : sive in civitate sint, sive in agro. (D. 1, 8, 9. Fr. Ulp.)

### SACRÆ RES, *V. Res sacræ.*

### SACRARIUM.

Illud notandum est, aliud esse sacrum locum, aliud sacrarium : *sacer locus*, est locus consecratus : *sacrarium*, est locus in quo sacra reponuntur. (D. *ib.* § 2.)

### SACRILEGIUM.

Qui divinæ legis sanctitatem aut nesciendo omittunt, aut negligendo violant, et offendunt, *sacrilegium* committunt. (C. 9, 29, 1.)

### SAGMINA, *V. Sancta.*

### SALVIANUM (INTERDICTUM).

Interdictum quod appellatur *Salvianum*, adipiscendæ possessionis causa comparatum est. (Gaii C. IV, § 147.)

SANATES.

*Sanates* dicti sunt, qui supra infraque Romam habitaverunt, quia, cum defecissent a Romanis, brevi post redierunt in amicitiam, quasi sanata mente. (XII Tab. Fr. Tit. 29.)

SANCTA.

*Sanctum* est quod ab injuria hominum defensum atque munitum est. Sanctum autem dictum est a sagminibus. Sunt autem *sagmina*, quædam herbæ, quas legati populi Romani ferre solent, ne quis eos violaret : sicuti legati Græcorum ferunt ea, quæ vocantur *Cerycia*. (D. 1, 8, 8. Fr. Marc.)

Proprie dicimus *sancta* quæ neque sacra, neque profana sunt, sed sanctione quadam confirmata : ut leges sanctæ sunt : sanctione enim quadam sunt subnixæ : quod enim sanctione quadam subnixum est, id sanctum est, etsi Deo non sit consecratum. (D. *ib.* 9, § 3. Fr. Ulp.)

SANCTIO.

Legum eas partes quibus pœnas constituimus adversus eos qui contra leges fecerint, *sanctiones* vocamus. (I. 2, 1, § 10.)

SATIS ACCEPTIO.

*Satis acceptio* est stipulatio, quæ ita obligat promissorem, ut adpromissores quoque ab eo accipiantur, id est, qui idem promittunt.

*Satis* autem *accipere* dictum est eodem modo, quo satisfacere. Nam quia id quo quis contentus erat, ei præstabatur, satisfieri dictum est : et similiter quia tales quibus contentus quis futurus esset, ita dabantur ut verbis obligarentur, *satis accipi* dictum est. (D. 45, 1, 5, §§ 2 et 3. Fr. Pompon.)

### SATISDATIO.

*Satisdatio* eodem modo appellata est, quo satisfactio. Nam ut *satisfacere* dicimur ei, cujus desiderium implemus ita *satisdare* dicimur adversario nostro, qui pro eo quod a nobis petiit, ita cavit, ut eum hoc nomine securum faciamus datis fidejussoribus. (D. 2, 8, 1. Fr. Gaii.)

*Satisdationis* appellatione interdum etiam repromissio continebitur; qua contentus fuit is, cui satisdatio debebatur. (D. 50, 16, 61. Fr. Paul.)

### SATISFACERE, V. *Satis acceptio.*

### SATISFACTIO.

*Satisfactio* pro solutione est. (D. 46, 3, 52. Fr. Ulp.)

### SCENA.

*Scena* est, ut Labeo definiit, quæ ludorum faciendorum causa quolibet loco, ubi quis consistat, moveaturque spectaculum sui præbiturus, posita sit in publico privatoque, vel in vico : quo tamen loco passim homines spectaculi causa admittantur. (D. 3, 2, 2, § 5. Fr. Ulp.)

SCIENTIA DOMINI.

In omnibus noxalibus actionibus, ubicunque *scientia* exigitur *domini*, sic accipienda est, si, cum prohibere posset, non prohibuit. (D. 9, 4, 3. Fr. Ulp.)

SENATORES.

*Senatores* accipiendum est eos, qui a Patriciis et Consulibus, usque ad omnes illustres viros descendunt : quia (et) hi soli in senatu sententiam dicere possunt. (D. 1, 9, 12, § 1. Fr. Ulp.) *V. Decuriones.*

SENATUSCONSULTUM.

*Senatusconsultum* est, quod senatus jubet atque constituit : idque legis vicem obtinet, quamvis fuit quæsitum. (Gaii C. 1, § 4.)

SENTENTIAM DICERE.

*Dicere sententiam* existimamus eum, qui ea mente quid pronuntiat, ut secundum id discedere eos a tota controversia velit. (D. 4, 8, 19, § 1. Fr. Paul.)

SEPTA.

*Septa* sunt quæ ad *incile* opponuntur, aquæ derivandæ compellendæve ex flumine causa, sive ea lignea sunt, sive lapidea, sive qualibet alia materia sint ad continendam transmittendamque aquam excogitata.

*Incile* autem est locus depressus ad latus fluminis, ex eo dictus quod incidatur : inciditur enim, vel lapis, vel terra. (D. 43, 21, 1, §§ 4 et 5, Fr. Ulp.)

SEPULCHRUM.

*Sepulchrum* est, ubi corpus ossave hominis condita sunt. (D. 11, 7, 2, § 5. Fr. Ulp.)

SEPULCHRA FAMILIARIA, HEREDITARIA.

*Familiaria* sepulchra dicuntur, quæ quis sibi familiæque constituit : *hereditaria* autem, quæ quis sibi, heredibusque suis constituit. (D. 11, 7, 5. Fr. Gaii.)

SEPULCHRUM INANE, *V. Monumentum.*

SEQUESTER.

*Sequester* dicitur, apud quem plures eamdem rem de qua controversia est, deposuerunt; dictus ab eo quod occurrenti, aut quasi sequenti eos qui contendunt, committitur. (D. 50, 16, 110. Fr. Modest.)

SERVIANA, QUASI SERVIANA.

*Serviana* et *quasi serviana* (quæ etiam *hypothecaria* vocatur) ex ipsius Prætoris jurisdictione substantiam capiunt.

*Serviana* autem experitur quis de rebus coloni, quæ pignoris jure pro mercedibus fundi ei tenentur.

*Quasi serviana* autem est, qua creditores pignora hypothecasve persequuntur. (I. 4, 6, § 7.)

SERVITUS.

*Servitus* est constitutio juris gentium, qua quis dominio alieno contra naturam subjicitur. (D. 1, 5, 4, § 1. Fr. Florent.)

SERVITUTES.

Quid aliud sunt jura prædiorum, quam prædia qualiter se habentia, ut bonitas, salubritas, amplitudo. (D. 50, 16, 86. Fr. Cels.)

SERVITUTES PRÆDIORUM, *V. Prædia*.

SERVUS.

*Servi* ex eo appellati sunt, quod imperatores captivos vendere, ac per hoc *servare*, nec occidere solent. (D. 1, 5, 4, § 2. Fr. Florent. — D. 50, 16, 239, § 1. Fr. Pompon.)

*Servi* appellatio etiam ad ancillam refertur. (D. 50, 16, 40. Fr. Ulp.)

*Servis* legatis etiam ancillas deberi, quidam putant : quasi commune nomen utrumque sexum contineat. (D. 50, 16, 101, § 3. Fr. Modest.)

*Servi* appellatione etiam hi continentur qui sub conditione legati sunt : nam medio tempore heredis sunt. (D. 29, 5, 1, § 4. Fr. Ulp.) *V. Mancipia*.

SERVUS VETERATOR, NOVITIUS.

Servus tam *veterator* quam *novitius* dici potest : sed *veteratorem* non spatio serviendi, sed genere et causa æstimandum, Cælius ait : nam quicunque ex venalicio noviciorum emptus, alicui ministerio præpositus sit, statim eum veteratorum numero esse : *novicium* autem non tyrocinio animi, sed conditione servitutis intelligi. (D. 21, 1, 65, § 2. Fr. Venul.)

SEXTANS, *V. As.*

SICARII.

*Sicarii* appellantur a *sica*, quod significat ferreum cultrum. (I. 4, 18, § 5.)

SIGNATUM, *V. Argentum.*

SINGULARE, *V. Jus singulare.*

SI QUIS.

Verbum hoc, *si quis*, tam masculos quam feminas complectitur. (D. 50, 16, 1. Fr. Ulp.)

SOCER, SOCRUS, SOCER MAGNUS.

Viri pater uxorisque *socer*; mater autem eorum *socrus* appellatur. (D. 38, 10, 4, § 6. Fr. Modest.)

*Soceri*, *socrus* appellatione avum quoque aviam uxoris vel mariti contineri respondetur. (D. 50, 16, 146. Fr. Terent. Clem.)

*Socer magnus* dicitur uxoris meæ avus, ego illius sum progener, et retro pater meus uxoris meæ socer est, hæc illi nurus : et avus meus socer magnus est, illa illi pronurus. (D. 38, 10, 4, § 6. Fr. Modest.)

SODALES.

*Sodales* sunt, qui ejusdem collegii sunt : quam

Græci ἑταιρίαν vocant. Ilis autem potestatem facit lex, pactionem, quam velint sibi ferre : dum ne quid ex publica lege corrumpant. (D. 47, 22, 4. Fr. Gaii.)

SOLARIUM.

Si quis nemine prohibente in publico ædificaverit, non esse eum cogendum tollere, ne ruinis urbs deformetur...... Si tamen obstet id ædificium publico usui, utique is, qui operibus publicis procurat, debebit id deponere : aut si non obstet, solarium ei imponere. Vectigal enim hoc sic appellatur *solarium*, ex eo quod pro *solo* pendatur. (D. 43, 8, 2, § 17. Fr. Ulp.)

SOLUTIO.

*Solutionis* verbum pertinet ad omnem liberationem quoquo modo factam : magisque ad substantiam obligationis refertur, quam ad nummorum solutionem. (D. 46, 3, 54. Fr. Paul.)

*Solutionis* verbo satisfactionem quoque omnem accipiendam placet.

*Solvere* dicimus eum, qui fecit quod facere promisit. (D. 50, 16, 176. Fr. Ulp.) *V. Liberatio*, *Satisdatio*, *Satisfactio*.

SOLUTO MATRIMONIO.

Cum quærebatur, an verbum : *Soluto matrimonio dotem reddi*, non tantum divortium, sed et mortem contineret, hoc est, an de hoc quoque casu contrahentes sentiant? Et multi putabant hoc sensisse ; et quibusdam aliis contra videbatur : secundum hoc motus Imperator pronunciavit, id actum eo pacto, ut nullo casu remaneret dos apud maritum. (D. 50, 16, 240. Fr. Paul.)

SOLUTUS.

*Solutum* non intelligimus eum, qui licet vinculis levatus sit, manibus tamen tenetur : ac ne eum quidem intelligimus solutum, qui in publico sine vinculis servatur. (D. 50, 16, 48. Fr. Gaii.)

SOLVENDO ESSE.

*Solvendo esse* nemo intelligitur, nisi qui solidum potest solvere. (D. 50, 16, 114. Fr. Javol.)

SOLVERE.

*Solvisse* accipere debemus, non tantum eum qui solvit, verum omnem omnino, qui ea obligatione liberatus est, quæ ex causa judicati descendit. (D. 42, 1, 4, § 7. Fr. Ulp.)

SOLVERE (MINUS).

*Minus solvit*, qui tardius solvit : nam et tempore minus solvitur. (D. 50, 16, 12. Fr. Ulp.)

Solidum non solvit r non minus quantitate quam die. (D. 46, 3, 85. Fr. Callist.)

Non potest videri *minus solvisse* is, in quem amplioris summæ actio non competit. (D. 50, 16, 17. Fr. Javol.)

SORORES PATRUELES, V. *Consobrini*.

SPADO.

*Spadonum* generalis appellatio est : quo nomine tam hi qui natura spadones sunt, item thlibiæ, thlasiæ, sed et si quod aliud genus spadonum est, continentur. (D. 50, 16, 128. Fr. Ulp.)

SPECIOSÆ PERSONÆ.

*Speciosas* personas accipere debemus *clarissimas* personas utriusque sexus : item eorum, qui ornamentis *senatoriis* utuntur. (D. 50, 16, 100. Fr. Ulp.)

SPECUS, SPECTACULA.

*Specus* est locus ex quo despicitur. Inde *spectacula* sunt dicta. (D. 43, 21, 1, § 3. Fr. Ulp.)

SPONSALIA, SPONSUS, SPONSA.

*Sponsalia* sunt mentio et repromissio nuptiarum futurarum. (D. 23, 1, 1. Fr. Florent.)

*Sponsalia* autem dicta sunt a *spondendo* : nam moris fuit veteribus stipulari, et spondere sibi *uxores futuras*. (*Ib*. 2. Fr. Ulp.)

Unde *sponsi sponsæque* appellatio nata est. (*Ib*. 3. Fr. Florent.)

SPONSIO.

*Sponsio* appellatur, non solum quæ per sponsus interrogationem fit, sed omnis stipulatio promissioque. (D. 50, 16, 7. Fr. Paul.)

SPONSOR, FIDEPROMISSOR, FIDEJUSSOR.

Pro eo qui promittit, solent alii obligari : quorum alios *sponsores*, alios *fidepromissores*, alios *fidejussores* appellamus.

Sponsores quidem et fidepromissores et fidejussores sæpe solemus accipere, dum curamus ut diligentius nobis cautum sit.

Sponsoris vero et fidepromissoris similis conditio, fidejussoris valde dissimilis. (Gaii C. III, § 115 et seq.)

SPONSUS, *V. Sponsalia.*

SPURII, *V. Vulgo concepti.*

STABULARII, *V. Nauta.*

STAGNUM.

*Stagnum* est, quod temporalem contineat aquam ibidem *stagnantem*, quæ quidem aqua plerumque hieme cogitur. (D. 43, 14, 1, § 4. Fr. Ulp.) *V. Lacus.*

STATIO.

*Stationem* dicimus a statuendo : is igitur locus demonstratur, ubicunque naves tuto stare possunt. (D. 43, 12, 1, § 13. Fr. Ulp.) *V. Portus.*

STATUS, *V. Homo, persona.*

STATULIBER.

*Statuliber* est, qui statutam et destinatam in tempus vel conditionem libertatem habet. (D. 40, 7, 1. Fr. Paul.)

## STIPENDIUM, TRIBUTUM.

*Stipendium* a *stipe* appellatum est, quod per stipes, id est modica æra colligatur. Idem hoc etiam *tributum* appellari Pomponius ait. Et sane appellatur ab intributione tributum : vel ex eo, quod militibus tribuatur. (D. 50, 16, 27, § 1. Fr. Ulp.)

## STIPULA ILLECTA.

*Stipula illecta* est spicæ in messe dejectæ (necdum lectæ) quas rustici, cum vacaverint, colligunt. (D. 50, 16, 30, § 1. Fr. Gaii.)

## STIPULATIO.

Obligationum firmandarum gratia *stipulationes* inductæ sunt, quæ quadam verborum solemnitate concipiuntur, et appellatæ quod per eas firmitas obligationum constringitur : *stipulum* enim veteres firmum appellaverunt. (Paul. Sent. 5, 7, 1.)

*Stipulatio* est verborum conceptio, quibus is qui interrogatur, daturum facturumve se quod interrogatus est responderit. (D. 45, 1, 5, § 1. Fr. Pompon. — Paul. Sent. 2, 3, 1.)

Stipulationum aliæ judiciales sunt, aliæ prætoriæ, aliæ conventionales, aliæ communes prætoriæ et judiciales.

*Judiciales* sunt duntaxat, quæ a mero judicis officio proficiscuntur, veluti de dolo cautio.

*Prætoriæ*, quæ a mero Prætoris officio proficiscuntur, veluti *damni infecti.*

Prætorias autem stipulationes sic audiri oportet, ut in his contineantur etiam ædilitiæ : nam et hæ ab jurisdictione veniunt.

*Conventionales* sunt, quæ ex conventione reorum fiunt, quarum totidem genera sunt, quot (pene dixerim) rerum contrahendarum : nam et ob ipsam verborum obligationum fiunt, et *pendent ex negotio contracto.*

*Communes* sunt stipulationes, veluti *rem salvam fore pupilli.* Nam et Prætor jubet rem salvam fore pupillo caveri : et interdum judex, si aliter expediri hæc res non potest. (D. 45, 1, 5. Fr. Pompon.) *V. Satis acceptio.*

STRAGULUM, *V. Stratum.*

STRATUM, STRAGULUM, VICTUS.

In *stratum* omne vestimentum contineri, quod injiciatur Labeo ait : neque enim dubium est, quin *stragula* vestis sit omne pallium περιστρωμα. In *victum* ergo vestem accipiemus, non stragula, in stratum omnem stragulam vestem. (D. 50, 16, 45. Fr. Ulp.)

STUPRUM, ADULTERIUM.

Inter *stuprum* et *adulterium* hoc interesse quidam putant, quod adulterium in nuptam, stuprum in viduam committitur : sed lex Julia de adulteriis hoc verbo indifferenter utitur. (D. 50, 16, 101. Fr. Modest.)

SUBSECARE, *V. Cædere.*

SUBSIGNATUM.

*Subsignatum* dicitur, quod ab aliquo subscriptum est : nam veteres subsignationis verbo pro adscriptione uti solebant. (D. 50, 16, 39. Fr. Paul.)

SUBSTITUTIO.

*Substitutio* est, quæ post institutionem a testatore fieri solet, id est, secundi heredis appellatio. Et duæ sunt quarum una *vulgaris* dicitur, alia *pupillaris*. (Gaii Inst. 2, 4.)

SUI HEREDES, *V. Heredes sui.*

SUI SERVI.

*Suos* autem *servos* vel ancillas eos accipimus, qui sunt pleno jure testantis : inter quos fructuarii non continebuntur. (D. 32 de leg. III, 73. Fr. Ulp.)

SULPHURATUM, *V. Carbo.*

SUMMUM SUPPLICIUM.

*Summum supplicium* esse videtur ad furcam damnatio : item vivi crematio : item capitis amputatio. (D. 48, 19, 28. Fr. Callist.)

*Summa supplicia* sunt crux, crematio, decollatio. (Paul. Sent. 17, § 3.) *V. Ultimum supplicium.*

SUO USU, *V. Domus usu suo.*

SUPPELLEX.

*Supellex* est domesticum patrisfamiliæ instrumentum, quod neque argento, aurove facto vel vesti adnumeratur. (D. 33, 10, 1. Fr. Pompon.)

Id est, res moventes, non animales. (*Ib.* 2. Fr. Florent.)

Labeo ait, originem fuisse *suppellectilis*, quod clim his, qui in legationem proficiscerentur, locari solerent, quæ *sub pellibus* usui forent. Tubero hoc modo demonstrare supellectilem tentat, *instrumentum quoddam patrisfamiliæ rerum ad cottidianum usum paratarum, quod in aliam speciem non caderet: ut* (verbi gratia) *penum, argentum, vestem, ornamenta. instrumenta agri aut domus.* (D. 33, 10, 7. Fr. Cels.)

SUPERFICIARIUS.

*Superficiario*, id est qui in alieno solo superficiem ita habet, ut certam pensionem præstet. (D. 6, 1, 74. Fr. Paul.) *V. Ædes superficiariæ.*

SUPREMUS, PROXIMUS.

In vulgari substitutione qua ei, *qui supremus morietur*, heres substituitur, recte substitutus etiam unico intelligitur, exemplo Duodecim Tabularum, ex quibus proximus agnatus et solus habetur. ( D. 50, 16, 162. Fr. Pompon.) *V. Proximus, supremus.*

SUSPECTUS TUTOR, *V. Tutor suspectus.*

SYLVA CŒDUA.

*Sylva cædua* est (ut quidam putant) quæ in hoc habetur ut cæderetur. Servius eam esse, quæ succisa, rursus ex stirpibus, aut radicibus renascitur. (D. 50, 16, 30. Fr. Gaii.)

SYLVA PASCUA.

*Pascua sylva* est, quæ pastui pecudum destinata est. (D., *id.*, § 5.)

---

# T

TABERNA, TABERNACULA.

*Tabernæ* appellatio declarat omne utile ad habitandum ædificium, nempe ex eo, quod tabulis cluditur. (D. 50, 16, 183. Fr. Ulp.)

Inde *tabernacula*, et *contubernales* dicti sunt. (D. *ib.*, 184. Fr. Paul.)

TABERNA INSTRUCTA.

*Instructam* autem *tabernam* sic accipiemus, quæ rebus et hominibus ad negotiationem paratis constat. (D. *ib.*, 185. Fr. Ulp.)

TABULÆ TESTAMENTI.

*Tabulas testamenti* accipere debemus omnem materiæ figuram. Sive igitur tabulæ sint ligneæ; sive cujuscunque alterius materiæ; sive chartæ, sive membranæ sint; vel si è corio alicujus animalis: tabulæ recte dicentur. (D. 37, 11, 1. Fr. Ulp.)

TABULÆ SIGNATÆ.

*Signatas tabulas* accipi oportet, et si linteo, quo tabulæ involutæ sunt, signa impressa fuerint. (D. 28, 1, 22, § 7, Fr. Ulp.)

TELUM.

*Telorum* appellatione omnia, ex quibus singuli homines noscere possunt, accipiuntur. (D. 48, 6, 11, § 1. Fr. Paul.)

*Telum* vulgo quidem id appellatur, quod ab arcu mittitur : sed tunc omne significatur, quod mittitur manu. Ita sequitur, ut et lapis, et lignum, et ferrum hoc nomine contineantur. Dictumque ab eo, quod in longinquum mittitur. Græca voce figuratum ἀπὸ τοῦ τηλοῦ, id est, *ab eo, quod est longe.* (D. 50, 16, 233, § 2. Fr. Gaii.)

TER ENIXA.

*Ter enixa* videtur, etiam quæ trigeminos peperit. (D. 50, 16, 137. Fr. Paul.)

TERGIVERSARI, V. *Calumniari.*

TERRA INTEGRA.

*Integra (terra)* est, in quam nondum dominus pascendi gratia pecus immisit. (D. 50, 16, 30, § 3. Fr. Gaii.)

TERRITORIUM.

*Territorium* est universitas agrorum intra fines cujusque civitatis : quod ab eo dictum quidam aiunt, quod magistratus ejus loci intra eos fines terrendi, id est, summovendi jus habet. (D. 50, 16, 239, § 8. Fr. Pompon.)

### TESTAMENTUM.

*Testamentum* est voluntatis nostræ justa sententia, de eo, quod quis post mortem suam fieri velit. (D. 28, 1, 1. Fr. Modest.)

*Testamentum* ex eo appellatur, quod testatio mentis sit. (I. 2, 10.)

*Testamentum* autem proprie illud dicitur quod jure perfectum est : sed abusive testamenta ea quoque appellamus, quæ falsa sunt, vel injusta, vel irrita, vel rupta : itemque imperfecta solemus testamenta dicere. (D. 29, 3, 2, § 1. Fr. Ulp.)

### TESTAMENTUM INOFFICIOSUM.

*Inofficiosum* dicitur *testamentum* quod, frustra liberis exheredatis, non ex officio pietatis videtur esse conscriptum. (Paul. Sent. 4, 5, § 1.)

### TESTAMENTUM IRRITUM.

*Irritum* fit *testamentum*, si testator capite deminutus fuerit, aut si jure facto testamento nemo extiterit heres. (Ulp. Reg. 23, 4.)

### THESAURUS.

*Thesaurus* est vetus quædam depositio pecuniæ cujus non extat memoria, ut jam dominium non habeat. (D. 41, 1, 31, § 1. Fr. Paul.)

TIGNUM.

*Tigni* appellatione in lege Duodecim Tabularum omne genus materiæ ex qua ædificia constant significatur. (D. 50, 16, 62. Fr. Gaii. — 47, 3, 1. Fr. Ulp. — 41, 1, 7, § 10. Fr. Gaii.)

Unde quidam aiunt tegulam quoque et lapidem, et testam, cæteraque, si quæ ædificiis sunt utilia: *tigna* enim a *tegendo* dicta sunt: hoc amplius et calcem, et arenam tignorum appellatione contineri. Sed et in vineis tigni appellatione omnia vineis necessaria continentur, ut puta perticæ, pedamenta. (D. 47, 3, 1, § 1. Fr. Ulp.) *V. Fabri tignarii.*

TOGA, *V. Tugurium.*

TORRENS, *V. Flumen perenne.*

TRADITIO.

*Traditio* propria est alienatio rerum nec mancipi. Harum rerum dominia ipsa traditione adprehendimus, scilicet si ex justa causa traditæ sunt nobis. (Ulp. Reg. 19, § 7)

TRAJECTITIA PECUNIA, *V. Pecunia.*

TRANSACTA, FINITA.

*Transacta finitave* intelligere debemus, non solum, quibus controversia fuit, sed etiam, quæ sine controversia sint possessa. (D. 50, 16, 229. Fr. Paul.)

Qui *transigit*, quasi de re dubia, et lite incerta

neque finita transigit : qui vero *paciscitur*, donationis causa rem certam et indubitam liberalitate remittit. (D. 2, 15, 1. Fr. Ulp.)

TRANSFUGA.

*Transfuga* non is solus accipiendus est, qui aut ad hostes, aut in bello transfugit : sed et qui per induciarum tempus, aut ad eos, cum quibus nulla amicitia est, fide suscepta transfugit. (D. 49, 15, 19, § 8. Fr. Paul.) *V. Induciæ.*

TRIBUNI.

Cum plebs a patribus secessisset,..... *Tribunos* sibi in monte Sacro creavit, qui essent plebeii magistratus : dicti *Tribuni*, quod olim in *tres* partes populus divisus erat, et ex singulis singuli creabantur : vel quia *tribuum* suffragio creabantur. (D. 1, 2, 2, § 20. Fr. Pompon.)

TRIBUNUS CELERUM.

Is autem erat qui equitibus præerat, et veluti secundum locum a regibus obtinebat. (D. 1, 2, 2, § 15. Fr. Pompon.)

TRIBUTUM, *V. Stipendium.*

TRIENS, *V. As.*

TRIPERTITA.

Sextum Ælium etiam Ennius laudavit, et extat illius liber qui inscribitur *Tripertita*, qui liber veluti cunabula juris continet. *Tripertita* autem dicitur quoniam Lege Duodecim Tabularum præposita, jungitur interpretatio, dein subtexitur legis actio. (D. 1, 2, 2, § 38. Fr. Pompon.) *V. Jus Aelianum.*

TRIPERTITUM.

Dicendum est de jure privato, quod *tripertitum* est; collectum est enim ex naturalibus præceptis, aut gentium, aut civilibus. (I. 1, 1, § 4.)

TRIPLICATIO, *V. Replicatio.*

TRITAVUS, *V. Avus.*

TUGURIUM, TOGA.

*Tugurii* appellatione omne ædificium, quod rusticæ magis custodiæ convenit, quam urbanis ædibus significatur.

Ofilius ait, *tugurium* a *tecto*, tanquam *tegularium* esse dictum, ut *toga*, quod ea *tegamur*. (D. 50, 16, 180. Fr. Pompon.)

TURBA, RIXA.

*Turbam* autem appellatam Labeo ait ex genere tumultus: idque verbum ex Græco tractum, ἀπὸ τοῦ θορυβεῖν, id est, *a tumultuando*. Turbam autem ex quo numero admittimus? Si duo rixam commiserint, utique non accipiemus in turba id factum: quia duo turba non proprie dicentur. Enimvero si plures fuerunt, decem, aut quindecim homines, turba dicentur. Quid ergo si tres aut quatuor? Turba utique non erit. Et rectissime Labeo inter turbam et rixam multum interesse ait : namque *turbam* multitudinis hominum esse turbationem et cœtum; *rixam*, etiam duorum. (D. 47, 8, 4, § 2. Fr. Ulp.)

### TUTELA, TUTORES.

*Tutela* est (ut Servius definit) *vis ac potestas in capite libero, ad tuendum eum qui propter ætatem suam sponte se defendere nequit, jure civili data ac permissa.*

*Tutores* autem sunt, qui eam vim ac potestatem habent : exque re ipsa nomen ceperunt : itaque appellantur *tutores* quasi *tuitores*, atque defensores : sicut *æditui* dicuntur, qui *ædes tuentur*. (D. 26, 1, 1. Fr. Paul.)

Sunt quidam *tutores* qui *honorarii* appellantur; sunt qui rei *notitiæ gratia* dantur; sunt qui ad hoc dantur, ut gerant. (D. 46, 3, 14, § 1. Fr. Ulp.)

### TUTOR CESSICUS.

Is cui tutela in jure cessa est, *cessicus* tutor appellatur. (Ulp. Reg. 11, 7. — Gaii C. 1, § 169.)

### TUTOR DATIVUS.

Vocantur autem hi qui nominatim testamento tutores dantur, *dativi*; qui ex optione sumuntur *optivi*. (Gaii C. 1, § 154.)

### TUTOR HONORARIUS.

Si parens declaravit, quem velit tutelam administrare, ille solus administret. Cæteri igitur tutores non administrabunt : sed erunt hi, quos vulgo *honorarios* appellamus. (D. 26, 7, 3, §§ 1 et 2. Fr. Ulp.)

### TUTOR LEGITIMUS.

*Legitimi* tutores sunt, qui ex lege aliqua descendunt : per eminentiam autem legitimi dicuntur, qui ex Lege Duodecim Tabularum introducuntur, seu propalam, quales sunt adgnati, seu per consequentiam, quales sunt patroni. (Ulp. reg. 11, 3. — Gaii C. I, § 155.)

### TUTOR NOTITIÆ GRATIA DATUS.

(Tutor) qui *notitiæ gratia* datus est..... ad instruendos contutores datur. (D. 46, 3, 14, § 6. Fr. Ulp.)

### TUTOR OPTIVUS, *V. Tutor dativus.*

### TUTOR PRÆTORIUS.

Olim cum legis actiones in usu erant..... Si inter tutorem et mulierem pupillumve legis actione agendum erat ; nam quia ipse quidem tutor in re sua auctor esse non poterat, alius dabatur, quo auctore.... actio perageretur, qui dicebatur *prætorius* tutor, quia a *Prætore* urbano dabatur. (Gaii C. I, § 184.)

TUTOR SUSPECTUS.

*Suspectum tutorem* eum putamus, qui moribus talis est, ut suspectus sit : enimvero tutor, quamvis pauper est, fidelis tamen et diligens, removendus non est quasi suspectus. (D. 26, 10, 8. Fr. Ulp.)

TUTOR TESTAMENTARIUS.

*Testamentarii* (tutores) sunt, quos patres, aut avi paterni in testamento suo tutores filiis aut nepotibus delegaverint. (Gaii Inst. 2, 7.) *V. Tutor legitimus.*

---

# U

ULTIMUM SUPPLICIUM.

*Ultimum supplicium* esse mortem solam interpretamur. (D. 48, 19, 21. Fr. Cels.) *V. Summum supplicium.*)

UNO CONTEXTU.

*Uno contextu actus* testari oportet : est autem *uno contextu*, nullum actum alienum testamento intermiscere, quod (si) aliquid pertinens ad testamentum faciat, testamentum non vitiatur. (D. 28, 1, 21, § 3. Fr. Ulp.)

URBANA FAMILIA, *V. Familia urbana.*

URBANA PRÆDIA, *V. Prædia urbana.*

URBANUM MANCIPIUM, *V. Mancipium urbanum.*

URBS ROMA.

*Urbis* appellatio muris: *Romæ* autem continentibus ædificiis finitur, quod latius patet. (D. 50, 16, 2. Fr. Paul.)

Ut Alfenus ait, Urbs est Roma, quæ muro cingeretur. Roma est etiam, qua continenti ædificia essent: nam Romam non muro tenus existimari, ex consuetudine cottidiana posse intelligi, cum diceremus Romam nos ire, etiamsi extra urbem habitaremus. (D. *ib.* 87. Fr. Marcel.)

URBS, URBARE, URBUM.

*Urbs* ab urbo appellata est: *urbare* est aratro definire: et Varus ait, *urbum* appellari curvaturam aratri, quod in urbe condenda adhiberi solet. (D. 50, 16, 239, § 6. Fr. Pompon.) *V. Oppidum, Territorium.*)

USUCAPIO.

*Usucapio* est adjectio dominii per continuationem possessionis temporis lege definiti. (D. 41, 3, 3. Fr. Modest. — Ulp. reg. 19, § 8.) *V. Usurpatio.*

USURÆ.

*Usuræ* vicem fructuum obtinent. (D. 22, 1, 34. Fr. Ulp.)

*Usura* pecuniæ, quam percipimus, in fructu non est: quia non ex ipso corpore, sed ex alia causa est, id est nova obligatione. (D 50, 16, 121. Fr. Pompon.) *V. Ususfructus, fructus, usus.*

USURPATIO.

*Usurpatio* est usucapionis interruptio. Oratores autem usurpationem frequentem usum vocant. (D. 41, 3, 3. Fr. Paul.) *V. Usucapio.*

USUS.

Si *usus* tantum pecuniæ...... quia in hac specie *usus* appellatione etiam fructum contineri. (D. 7, 5, 10, § 1. Fr. Ulp.)

USUSFRUCTUS.

*Ususfructus* est jus alienis rebus utendi fruendi, salva rerum substantia.

Est enim ususfructus jus in corpore : quo sublato, et ipsum tolli necesse est. (D. 7, 1, 1. Fr. Paul., 2. Fr. Cels. — I. 2, 4.)

*Ususfructus* in multis casibus pars dominii est, et extat, quod vel præsens, vel ex die dari potest. (D. 7, 1, 4. Fr. Paul.) *V. Nostrum, meum.*

USUSFRUCTUS, FRUCTUS, USUS.

*Ususfructus*, an *fructus* legetur nihil interest : nam fructui et *usus* inest : usui fructus deest : et fructus quidem sine usu esse non potest : usus sine fructu potest. (D. 7, 8, 14, § 1. Fr. Ulp.)

UTENDUM DATUM, *V. Commodatum.*

UTILES IMPENSÆ, *V. Impensæ.*

UTI OPTIMUS MAXIMUSQUE EST.

Si cum fundum tibi darem, legem ita dixi, *uti*

*optimus maximusque esset* : et adjeci, *jus fundi* *terius factum non esse per dominum præstabitu* amplius eo præstabitur nihil : etiam si prior pa qua scriptum est, *uti optimus maximusque sit*, li rum esse significat : eoque, si posterior pars adje non esset, liberum præstare deberem : tamen in riore parte satis me liberatum puto, quod ad ju attinet, ne qui aliud præstare debeam, quam j fundi per dominum deterius factum non esse. (D. 5 16, 126. Fr. Procul.)

UTI POSSIDETIS, UTRUBI.

UTI POSSIDETIS interdictum de fundi vel ædi possessione redditur, UTRUBI vero de rerum mob lium possessione. (Gaii C. IV, § 149.)

---

# V

## VAS.

*Vasorum* appellatio generalis est. (D. 34, 2, 1 § 10. Fr. Ulp.)

*Vasis* (legatis) ea omnia continentur, quæ cap citati alicui comparata sunt ; et ideo tam potor quam escaria, item ministeria omnia. (Paul Sen 3, 6, § 86.)

VASA VINARIA.

*Vinaria vasa* proprie vasa torcularia esse placet : dolia autem et serias tamdiu in ea causa esse, quamdiu vinum haberent : cum sine vino esse desinerent, in eo numero non esse : quoniam ad alium usum transferri possent : velut si frumentum in his addatur : eamdem causam amphorarum esse, ut cum vineum habeant, tum in vasis vinariis ; cum inanes sint, tum extra numerum vinariorum sint : quia aliud in his addi possit. (D. 50, 16, 206. Fr. Julian.)

VECORS, VESANUS, V. *Vidua.*

VECTIGALES AGRI, *V. Agri.*

VECTIGAL PUBLICUM, *V. Publicum vectigal.*

VENDITIO.

*Venditionis* appellationem generaliter accipere debemus. (D. 20, 6, 8, § 11. Fr. Marc.)

VENDITUM, *V. Alienatum.*

VENENUM.

Qui *venenum* dicit, adjicere debet, utrum malum, an bonum : nam et medicamenta venena sunt : quia eo nomine omne continetur, quod adhibitum naturam ejus, cui adhibitum esset, mutat : cum id quod nos venenum appellamus, Græci φάρμακον dicunt : apud illos quoque tam medicamenta, quam quæ nocent, hoc nomine continentur : unde adjectione alterius nominis distinctio fit..... (D. 50, 16, 236. Fr. Gaii.)

VENENUM MALUM.

Adjectio ista, *veneni mali* (in lege Cornelia de Sicariis) ostendit esse quædam et non mala venena. Ergo *nomen medium* est, et tam id, quod ad sanandum, quam id quod ad occidendum paratum est, continet. Sed et id quod *amatorium* poculum appellatur. (D. 48, 8, 3, § 2. Fr. Marc.) *V. Dolum malum, persuadere.*

VENIRE DIEM, *V. Cedere diem.*

VENISSE AD HEREDEM.

*Venisse ad heredem* nihil intelligitur, nisi deducto ære alieno. (D. 50, 16, 165. Fr. Pomp.)

VERBA CONCEPTA.

Per *concepta verba* id est per formulas. (Gaii C. IV, § 30.)

VERBA MEDIA, *V. Venenum malum, Persuadere, Dolum malum.*

VERBERARE, *V. Pulsatio.*

VERBERASSE.

*Verberasse* dicitur abusive : et qui pugnis ceciderit. (D. 47, 10, 15, § 40. Fr. Ulp.)

VERTISSE IN SUOS USUS.

*Vertisse in suos usus* (non) accipimus eum, qui

debitor patris pupilli fuit, deinde ipse sibi non solvit. (D. 26, 7, 7, § 5. Fr. Ulp.)

VESTIMENTUM, VESTIS.

*Vestimentum*, id est, quod detextum est, etsi defectum non sit; id est, si sit consummatum. Quod in tela est nondum pertextum vel detextum, *contextum* appellatur. (D. 34, 2, 22. Fr. Ulp.)

*Vestis* appellatione, tam virilis quam muliebris, et scenica (etiam si tragica aut citharœdica sit) continetur. (D. 50, 16, 127. Fr. Ulp.)

*Vestis* an *vestimenta*..... nil refert. (D. 34, 2, 23. Fr. Ulp.)

VETERANUS.

*Veteranus* autem esse creditur non solum legionarius, sed et omnis, qui qualitercunque militavit. (D. 27, 1, 8, § 6. Fr. Modest.)

VETERATOR, *V. Servus veterator.*

VIA.

*Via*, est jus eundi, et agendi, et ambulandi : nam et iter, et actum, et se via continet. (D. 8, 3, 1. Fr. Ulp.)

*Viæ* latitudo ex Lege Duodecim Tabularum in porrectum octo pedes habet : in anfractum, id est, ubi flexum est, sexdecim. *V. Paries*, *Iter*, *Actus*.

VIA AGRARIA, *V. Viæ privatæ.*

VIA CONSULARIS, *V. Via publica.*

VIA MILITARIS, *V. Viæ vicinales.*

VIA PRÆTORIA, *V. Via publica.*

### VIA PUBLICA.

*Viam publicam* eam esse dicimus, cujus etiam solum publicum est........ Relictum ad directum certis finibus latitudinis ab eo, qui jus publicandi habuit, ut ea publice iretur, commearetur.

*Publicas vias* dicimus, quas Græci βασιλικάς, id est, *regias*, nostri *prætorias*, alii *consulares* vias appellant. (D. 43, 8, 2, §§ 21 et 22. Fr. Ulp.) *V. Viæ vicinales.*

### VIÆ PRIVATÆ.

*Privatæ* (viæ) sunt quas agrarias quidam dicunt.

*Privatæ viæ* dupliciter accipi possunt : vel hæ, quæ sunt in agris, quibus imposita est servitus, ut ad agrum alterius ducant ; vel hæ, quæ ad agros ducunt, per quas omnibus permeare liceat, in quas exitur de via consulari, et sic post illam excipit via, vel iter, vel actus ad villam ducens. Has ergo, quæ post consularem excipiunt in villas, vel in alias colonias ducentes, putem etiam ipsas publicas esse. (D. 43, 8, 2, §§ 22 et 23. Fr. Ulp.)

### VIÆ VICINALES

*Vicinales* sunt *viæ*, quæ in *vicis* sunt, vel quæ in *vicos* ducunt. Has quoque publicas esse quidam dicunt : quod ita verum est, si non ex collatione privatorum hoc iter constitutum est : aliter, atque si ex collatione privatorum reficiatur. Nam si ex collatione privatorum reficiatur, non utique privata est : refectio enim idcirco de communi fit, quia usum utilitatemque communem habet. (D. *Ib.*, § 22.)

*Viæ vicinales*, quæ ex agris privatorum collatis factæ sunt, quarum memoria non extat, publicarum viarum numero sunt.

Sed inter eas et cæteras vias militares hoc interest : quod *viæ militares* exitum ad mare, aut in urbes, aut in flumina publica, aut ad aliam viam militarem habent : harum autem vicinarum viarum dissimilis conditio est ; nam pars earum in militares vias exitum habent, pars sine ullo exitu intermoriuntur. (D. 43, 7, 3. Fr. Ulp.)

### VIAM APERIRE, PURGARI, REFICERE.

*Viam aperire* est, ad veterem altitudinem latitudinemque restituere.

*Purgari* autem proprie dicitur ad libramentum proprium redigere, sublato eo quod super eam esset.

*Reficit*... et qui aperit et qui purgat, et omnes omnino qui in pristinum statum reducunt. (D. 43, 11, 1, § 1. Fr. Ulp.)

### VICTUS.

Verbo *victus* continentur, quæ esui, potuique cultuique corporis, quæque ad vivendum homini necessaria sunt.

Vestem quoque victus habere vicem, Labeo ait. (D. 50, 16, 43. Fr. Ulp.)

Et cætera quibus tuendi, curandive corporis nostri gratia utimur ea appellatione significantur. (*Ib.* 44. Fr. Gaii.) *V. Stratum, Alimenta, Vivere.*

## VI DEJECTUS.

*Vi dejicitur* non tantum qui oppressu multitudinis, aut fustium, aut telorum, aut armorum metu terretur : sed et is qui violentiæ opinione comparata possessione cessit, si tamen adversarius eam ingressus sit.

*Vi dejectus* videtur, et qui in prædio vi retinetur, et qui in via territus est, ne ad fundum suum accederet. (Paul. Sent. 5, 6, §§ 4 et 6.)

## VIDUA.

*Viduam* non solum eam, quæ aliquando nupta fuisset, sed eam quoque mulierem, quæ virum non habuisset, appellari ait Labeo : quia vidua sic dicta est, quasi *vecors*, *vesanus*, qui sine corde, aut sanitate esset : similiter viduam dictam esse, sine duitate. (D. 50, 16, 242, § 3. Fr. Javol.)

## VI FACTUM.

*Vi factum* videri Quintus Mucius scripsit, si quis contra quam prohiberetur, fecerit : et mihi videtur plena esse Quinti Mucii definitio. (D. 43, 24, 1, § 5. Fr. Ulp.)

*Vim facit*, qui non sinit possidentem eo, quod possidebit, uti arbitrio suo : sive in serendo, sive fodiendo, sive arando, sive quid ædificando, sive quid omnino faciendo, per quod liberam possessionem adversarii non relinquit. (D. 43, 16, 11. Fr. Pomp.)

VIGINTI MILLIA DIURNA.

Itinere faciendo *viginti millia* passuum in dies singulos peragenda, sic sunt accipienda : ut si post hanc dinumerationem minus quam viginti millia supersint, integrum diem occupent : veluti si viginti unum millia sunt passus, biduum eis attribuetur : quæ dinumeratio ita demum facienda erit, si de die non conveniat. (D. 50, 16, 3. Fr. Ulp.)

VIM FACERE, *V. Vi factum.*

VINCTUS, VINCULA.

Verum est eum, qui in carcere clusus est, non videri neque vinctum, neque in vinculis esse, nisi corpori ejus vincula sint adhibita. (D. 50, 16, 216. Fr. Ulp.)

VINCULA, CUSTODIA.

*Vinculorum* appellatione, vel privata, vel publica vincula significant : *custodiæ* vero, tantum publicam custodiam. (D. 50, 16, 224. Fr. Venul.)

VINDICATIO, *V. Actio in rem.*

### VINDICIÆ.

*Vindiciæ* appellantur res eæ, de quibus controversia est, quod potius dicitur jus, quæ sit inter eos, qui contendunt.

*Vindiciæ* olim dicebantur illæ, quæ ex fundo sumptæ : in jus adlatæ erant. (XII Tab. fragm. 22, 2.)

P ætor *vindicias* dicebat, id est interim aliquem possessor constituebat, eumque jubebat prædes adversario dare litis et *vindiciarum*, id est, rei et fructuum : etc. (Gaii C. IV, § 16.)

### VINDICTA, FESTUCA, HASTA.

Qui vindicabat *festucam* tenebat,..... et.. dicebat.... *Ecce tibi* VINDICTAM *imposui* ; et simul homini *festucam* imponebat.

*Festuca* autem utebantur quasi hastæ loco, signo quodam justi dominii ; omnium enim maxime sua esse credebant quæ ex hostibus cepissent. Unde in centumviralibus judiciis *hasta* præponitur. (Gaii C. IV, § 16.)

### VI POSSIDERE.

*Vi possidere* eum definiendum est, qui expulso vetere possessore adquisitam per vim possessionem obtinet : aut qui in hoc ipsum aptatus et præparatus venit, ut contra bonos mores, auxilio, ne prohiberi possit ingrediens in possessionem facit. Sed qui per vim possessionem suam retinuerit, Labeo ait, non vi possidere. (D. 43, 16, 1, § 28. Fr. Ulp.)

VIR, MULIER.

*Mulieribus...*, etiam virgines... sicuti *viris* etiam pueros. (D. 32, de leg. III, 81, § 1. Fr. Modest.) *V. Mulier.*

VIRILIS.

*Virilis* appellatione interdum etiam totam hereditatem contineri, dicendum est. (D. 50, 16, 145. Fr. Ulp.)

VIRILIS PORTIO.

*Virilis portio* quemadmodum accipienda sit, videamus. Pone duos esse, qui contra tabulas bonorum possessionem accipiunt; unum esse ex liberis parentibusque: *virilis*, tertia erit portio. Sed si tres sunt, qui contra tabulas acceperunt, quarta erit virilis: hoc idem et in legatis observabitur. (D. 37, 5, 8. Fr. Ulp.)

VIS.

*Vis* est major rei impetus qui repelli non potest. (Paul. Sent. 1, 7, 7.) *V. Vi dejectus, Vi factum, Vi possidere.*

VITIUM, *V. Morbus.*

VITRICUS, *V. Privignus, Noverca.*

## VIVERE.

Verbum *vivere* quidam putant ad cibum pertinere : sed Ofilius ad Atticum ait, his verbis et vestimenta et stramenta contineri : sine his enim vivere neminem posse. (D. 50, 16, 234, § 2. Fr. Gaii. ) *V. Alimenta, Stratum, Victus.*

## VOLUPTUARIÆ IMPENSÆ, *V. Impensæ.*

## VULGO CONCEPTI.

*Vulgo concepti* dicuntur, qui patrem demonstrare non possunt, vel qui possunt quidem, sed eum habent, quem habere non licet, qui et *spurii* appellantur. (D. 1, 5, 23. Fr. Modest.—Gaii C. I, § 64.)

# SUPPLÉMENT.

---

ABSENS, *V. Abesse.*

AMATORIUM POCULUM, *V. Venenum malum.*

AMICA, *V. Pellex.*

AMINTINI, AMINTINÆ, *V. Consobrini.*

ANFRACTUM, *V. Via.*

AREA. *V. Fundus.*

CAUSA CADERE, *V. Plus petitio.*

COGNATIO LEGITIMA.

*Legitima cognatio* est ea quæ per virilis sexus personas conjungitur. (Gaii C. III, § 10.)

CONDITIO, *V. Demonstratio.*

CONJUNCTA, DISJUNCTA.

Oratio, quæ neque conjunctionem, neque disjunctionem habet, ex mente pronuntiantis, vel *disjuncta,* vel *conjuncta* accipitur.

*Conjunctionem* enim nonnunquam pro *disjunctione* accipi, Labeo ait : ut in illa stipulatione, *Mihi heredique meo te, heredemque tuum.* (D. 50, 16, 28 et 29. Fr. Paul.) *V. Disjunctivum.*

CONTEXTUM, V. *Vestimentum*.

FIDEPROMISSOR, V. *Sponsor*.

FRATRES PATRUELES, V. *Consobrini*.

LIMEN, V. *Postliminium*.

ORATIO SOLUTA, V. *Conjuncta*.

PROPIUS SOBRINIS.

Personæ quas enumeravimus a patrui magni filio, ei, de cujus cognatione quæritur, *propius sobrinis* vocantur. Nam (ut Massurius ait) quem quis appellat *propiorem sobrino*, qui est patris matrisve consobrinus aut consobrina : ab eo consobrini consobrinœve filius filia nominatur. (D. 38, 10, 10, § 16. Fr. Paul.)

A LA MÊME LIBRAIRIE :

**Usages et Réglements locaux**, ayant force de loi dans le département d'Ille-et-Vilaine, constatés et recueillis, conformément au vœu du Conseil général, sous la surveillance et avec le concours de l'administration, par des commissions spéciales, mis en ordre et publiés par C. Quernest, docteur en droit. Un volume in-8°, 1850. — 2 fr.

*Le Conseil général d'Ille-et-Vilaine, dans sa séance du 8 septembre 1850, a décerné une médaille d'or de 300 fr. au rédacteur de ce recueil.*

INV
F

www.ingramcontent.com/pod-product-compliance
Ingram Content Group UK Ltd.
Pitfield, Milton Keynes, MK11 3LW, UK
UKHW020136220726
13923UKWH00001B/195

9 782016 148266